Platz für deinen Namen

konfi live

Mein Begleiter

Vandenhoeck & Ruprecht

Im Auftrag der Kirchenleitung der Vereinigten Evangelisch-Lutherischen Kirche Deutschlands (VELKD) auf der Grundlage von „kreuzundquer" neu zusammengestellt und bearbeitet von Martina Steinkühler; herausgegeben von Andreas Brummer, Georg Raatz und Martin Rothgangel.

Texte mit dem Symbol 🎧 kannst du dir vorlesen lassen:
Link: www.v-r.de/konfi-live-begleiter
LoginCode: VL4bcqBT

Bibeltexte (wenn nicht anders vermerkt); Lutherbibel, rev. Text 1984, durchgesehene Ausgabe © 1999 Deutsche Bibelgesellschaft, Stuttgart

Umschlagabbildung: © Mikadun, www.shutterstock.com

Bibliografische Information der Deutschen Nationalbibliothek

Die Deutsche Nationalbibliothek verzeichnet diese Publikation in der Deutschen Nationalbibliografie; detaillierte bibliografische Daten sind im Internet über http://dnb.d-nb.de abrufbar.

ISBN 978-3-525-61506-5

© 2014, Vandenhoeck & Ruprecht GmbH & Co. KG, Göttingen/ Vandenhoeck & Ruprecht LLC, Bristol, CT, U.S.A.
www.v-r.de
Alle Rechte vorbehalten. Das Werk und seine Teile sind urheberrechtlich geschützt. Jede Verwertung in anderen als den gesetzlich zugelassenen Fällen bedarf der vorherigen schriftlichen Einwilligung des Verlages.
Printed in Germany.

Layout und Satz: textformart, Göttingen | www.text-form-art.de
Umschlag: SchwabScantechnik, Göttingen
Druck und Bindung: Hubert & Co. BuchPartner, Göttingen

Gedruckt auf alterungsbeständigem Papier.

Inhalt

- 4 *Begrüßung*
- 6 *Die konfi live Elemente*

A Vorstellungen
- 10 Ich bin ... / ich brauche ...
- 16 Meine Konfi-Zeit – Anfang und Abschluss
- 18 Meine Konfi-Gruppe

B Begegnungen
- 23 Wer bist du, Gott?
- 39 Wer ist Jesus Christus?
- 59 Was ist Heiliger Geist?
- 69 Was steht in der Bibel?
- 83 Wo ist Kirche?
- 103 Wer gehört zur Gemeinde?
- 115 Wer dient wem im Gottesdienst?
- 129 Was geschieht bei der Taufe?
- 139 Was geschieht beim Abendmahl?
- 151 Was ist so besonders am Vaterunser?
- 161 Was heißt: den Glauben bekennen?
- 171 Wozu dienen die Gebote?

C Aussichten
- 182 Meine Konfirmationszeit
- 184 Meine Konfirmation
- 186 Glaube, Hoffnung, Liebe
- 189 Schnell gefunden: Schwere Wörter
- 193 Unterschriften: Meine Gottesdienste
- 197 Festgehalten: Geburtstage und Termine

Begrüßung

Liebe Konfirmandin, lieber Konfirmand,

herzlich willkommen in der Konfirmandenzeit.

Vielleicht kommst du gerade aus der Schule, vom Sport oder anderen Terminen. Bist schon ziemlich gestresst und ausgepowert. Und jetzt auch noch – das ...? Ja, was?

Die Konfirmandenzeit ist ein Angebot für dich:
> zu dir zu kommen
> Gemeinschaft zu erleben
> neue Wege zu gehen
> Fragen zu stellen
> über Gott und die Welt nachzudenken

Religion ist ein besonderer Blick auf die Welt: Wir sind nicht allein auf der Welt, wir müssen nicht alles selbst schaffen. Da ist einer, der uns begleitet. Durch Höhen und Tiefen. Der uns kennt und liebt. Der uns achtet, noch bevor wir irgendetwas leisten. Mit einer solchen Erfahrung lebt es sich gut – das erzählen viele Menschen seit Hunderten und Tausenden von Jahren.

Du kannst diesen Blick ausprobieren. Deine eigenen Erfahrungen machen. Dazu macht die Konfirmandenzeit mit *konfi live* dir Angebote: Die sollen eine gute Mischung sein aus Erlebnis, Besinnung und gemeinsamem Tun.

Rund um die Kirche gibt es viel zu entdecken. Aber im Mittelpunkt stehst immer du selbst: Es ist dein Leben, um das es geht. Die Konfirmandenzeit will dich anregen und beflügeln. Damit du einen guten Weg findest, es zu leben. Mit seinen Höhen und Tiefen. Und stets unter Gottes Segen.

Auf den Seite 6 bis 8 findest du die *konfi live* Elemente: Sie alle (und mehr) gehören in den Konfer und sind mit *konfi live* zu entdecken.

Eine gute, fruchtbare, spannende und nachdenkliche Zeit wünscht

konfi live

www.konfi-live.de

Die konfi live Elemente

Aus diesen Elementen setzt sich das Angebot der Konfirmandenarbeit zusammen. Das, was du brauchst – das, was der christliche Glaube anbietet: Wie passt das zueinander? Und wozu führen solche Begegnungen?
In der Konfirmandenarbeit puzzelt ihr aus den drei Bereichen Einheiten zusammen und probiert es aus.

Was ich brauche

Vertrauen
Freiheit
Kommunikation
Sicherheit
Anerkennung
Lebensfreude
Frieden
Gemeinschaft
Nahrung
Fantasie

Was wachsen kann

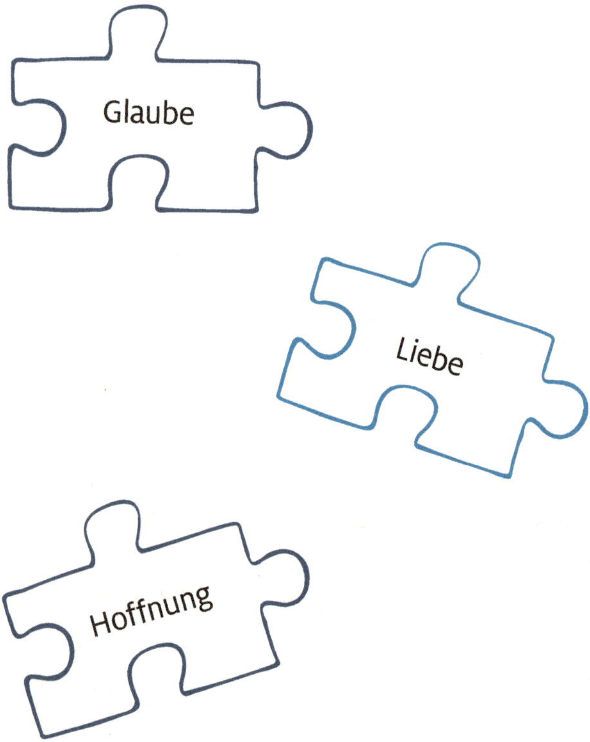

Glaube

Liebe

Hoffnung

A Vorstellungen

Hier ist Platz für ein Foto:

— Das bin ich! —

Teste dich selbst (S. 10 bis S. 15). In ein paar Jahren kannst du nachschauen, wie du heute gedacht hast ...

Meine Zeit

Markiere deine freie Zeit.

Zeitfenster	So	Mo	Di	Mi	Do	Fr	Sa
8 bis 12 Uhr							
12 bis 13 Uhr							
13 bis 15 Uhr							
15 bis 17 Uhr							
17 bis 19 Uhr							
19 bis 21 Uhr							
21 bis ... Uhr							

Was mache ich mit meiner Zeit?

Beliebig viele Eintragungen sind möglich; füge hinzu, was fehlt. Die Skala reicht von (1) **gar nicht** bis (5) **sehr viel**.

	1	2	3	4	5
Ausruhen					
Musik					
Freunde					
Sport					
Andere Hobbys					
Familie					
Computerspiele					
Chatten, surfen					
Soziale Netzwerke					
Fernsehen					
Ausgehen					
Nachdenken					
Lernen					

Meine Religion

Die Skala reicht von (1) **gar nicht** bis (5) **sehr viel/e / sehr**.

	1	2	3	4	5
Ich bete.					
Ich lese in der Bibel.					
Ich kenne Bibelgeschichten.					
Ich mag Weihnachten.					
Ich kann von Jesus erzählen.					
Ich möchte Jesus folgen.					
Ich glaube an Gott.					
Ich frage nach Gott.					
Ich mag meinen Religionsunterricht.					
Ich interessiere mich für Religionen.					
Ich glaube daran, dass der Tod nicht das Ende ist.					
Ich mag Gottesdienst.					
Ich mag Kirchen.					

Darauf will ich eine Antwort haben

Die Skala reicht von (1) **gar nicht** bis (5) **sehr oft**.

	1	2	3	4	5
Warum bin ich da?					
Wozu bin ich da?					
Was bleibt von mir, wenn ich tot bin?					
Gibt es Gott?					
Ist Gott so, wie die Bibel es erzählt?					
Brauche ich die Kirche, um Gott nahe zu sein?					
Warum lässt Gott so viel Leid zu?					
Ist Jesus Gottes Sohn?					
Hat Gott die Welt sich selbst überlassen?					
Brauche ich Gott, um gut zu leben?					
Ist Gott nur eine Illusion?					
Was nützt beten?					

Was mir wichtig ist

Die Skala reicht von (1) **gar nicht** bis (5) **total**.

Das ist mir wichtig …	1	2	3	4	5
Familie					
Freundschaft					
Hobbys					
Geld					
Schule / guter Abschluss					
guter Job / beruflicher Erfolg					
Frieden					
Gerechtigkeit					
Glaube					
Liebe					
Abwechslung und Spaß					
Herausforderungen					
Vertrauen					
Treue					
Geborgenheit					
Sicherheit					
Freiheit					
Abenteuer					
Ehrlichkeit					

In zehn Jahren möchte ich ...

Was ich arbeite ...

Was ich geschafft habe ...

Wie ich wohne ...

Meine Freizeit ...

Was ich kann ...

Was ich schon gesehen habe ...

MEINE FAMILIE ...

Meine Konfi-Zeit beginnt ...

am: _____ (Tag) _____ (Monat) _____ (Jahr)

— Gedanken —

Stempel der Gemeinde

_____
Unterschrift PfarrerIn / PastorIn

Meine Konfi-Zeit endet ...

am: _____ (Tag) _____ (Monat) _____ (Jahr)

--- Gedanken ---

mit meiner Konfirmation

--- Mein Konfirmationsspruch ---

Aus: _____ (Buch) _____ (Kapitel) _____ (Vers)

Meine Konfi-Gruppe

Hier ist Platz für Unterschriften und E-Mail-Adressen.

Meine Konfi-Gruppe

Hier ist Platz für ein Foto.

B Begegnungen

 Wer bist du, Gott?   23

 Wer ist Jesus Christus?   39

 Was ist Heiliger Geist?   59

 Was steht in der Bibel?   69

 Wo ist Kirche?   83

 Wer gehört zur Gemeinde?   103

 Wer dient wem im Gottesdienst?   115

 Was geschieht bei der Taufe?   129

 Was geschieht beim Abendmahl?   139

 Was ist so besonders am Vaterunser?   151

Was heißt: den Glauben bekennen?   161

Wozu dienen Gebote?   171

Wer bist du, Gott?

„So stelle ich mir Gott vor." (weiblich, 16 J.)

— Ich meine ... —

Gott: In der Lebensgeschichte

Als ich Kind war, habe ich an Gott geglaubt. Meine Oma hat mir Geschichten erzählt, die fand ich schön. Ich habe mir vorgestellt, dass Gott auf mich aufpasst und mich beschützt ...

Ich habe dann mehr über die Weltentstehung erfahren und über das Weltall und ich fand so mit 12 oder 13 die Vorstellung immer abgedrehter, dass da oben jemand sein soll ...

Ich habe auch gemerkt, dass ich ohne Glauben leben kann. Auf einmal dachte ich, es ist alles ausgedacht ...

Heute frage ich mich: Ist da was dran?

Aus den Erinnerungen einer 16-Jährigen, © Archiv Petra Freudenberger-Lötz

Gott: Das Leben

Gott, du bist Leben.
Das Samenkorn keimt und wächst,
um zur Pflanze oder zum Baum zu werden.
Ein Baby wächst im Bauch
der Mutter Monat um Monat.
Doch woher und wozu ist das Leben
in die Welt gekommen?
Das ist wirklich ein Geheimnis! Wer glaubt,
der kann erahnen: Gott schenkt uns das Leben,
denn Gott selbst ist das Leben.

Aus: Marie-Hélène Delval, Barbara Nascimbeni, Wie siehst du aus, Gott?,
deutsch von Rainer Oberthür und Jean-Pierre Sterck-Degueldre,
© 2011 by Gabriel Verlag (Thienemann Verlag GmbH), Stuttgart / Wien

Reden von Gott

Woran du dein Herz hängst, das ist dein Gott. – Das hat Martin Luther gesagt. Gott ist nicht „einfach Gott". Gott ist ein Wort für das Wichtigste in deinem Leben, für das, worauf du dich absolut verlässt, worauf du am meisten Wert legst, wonach du dich richtest.

Wie in vielen Religionen stellen sich im Christentum Menschen Gott in Bildern und Begriffen vor. Dabei nehmen sie Bezug auf das Gottesbild Jesu von Nazareth, wie er es in seinen Gleichnissen und Taten dargestellt hat. Außerdem beziehen sie sich auf Geschichten aus dem Alten und Texte aus dem Neuen Testament und darauf, wie diese in der Theologie und Philosophie bis heute ausgelegt werden. In all dem geht es darum, worin die Welt und die Geschichte gründen und worauf Menschen vertrauen können. Dieses Ringen lässt Menschen bis heute nicht los.

Gott wird dabei mit ganz unterschiedlichen Bildern beschrieben und umschrieben. Sie schöpfen aus dem, was Menschen erleben, wie sie ihr Leben erfahren und deuten. Diese Bilder haben symbolischen Charakter. Sich Gott als Person, als Schöpfer, als Tröster und als gütigen Vater vorzustellen, das alles sind Versuche und keine Passfotos. Du würdest und könntest Gott vermutlich anders „malen". Aber die Bilder, die schon da sind, können dir als Muster dienen.

Georg Raatz

 www.konfi-live.de

Gott: Bibel neu erzählt

Gott als Töpfer

Am Anfang, erzählt man, war Gott. Und sonst nichts. Nichts wuchs, denn niemand pflanzte. Nichts lebte, denn nichts wurde geboren. Da nahm Gott Erde vom Acker und befeuchtete sie mit Wasser. Unter seinen Händen wurde sie weich und geschmeidig wie Teig. Und er knetete sie und formte sie: Oben eine Kugel für den Kopf, darunter eine Kugel für den Körper. Ein wenig drauf drücken, damit die Form länger und dünner wird. Dann legte Gott Kopf und Körper zur Seite und knetete den Rest seines Klumpens noch einmal gut durch. Daraus formte er Arme und Beine. Dann setzte er – ganz vorsichtig – alles zusammen und pustete es an mit dem Atem den Lebens. Ein Mensch war entstanden: Beine, Arme, dazwischen ein Kopf. Einer, der aufrecht geht, einer, der den Himmel sieht. Einer, der hören, schmecken und riechen kann. Einer, der ja sagen kann und nein – und auch: „Gelobt sei Gott." Gott sah ihn an und nickte. „Fürchte dich nicht", sagte Gott. „Ich habe dich ins Leben gerufen. Du bist ein Mensch. Du bist Adam."

Zum Vergleich: 1 Mose 2,4–7

Gott: Bibel neu erzählt

Gott als Gärtner

Am Anfang, erzählt man, war Gott. Und der Mensch, den er gemacht hatte. Adam. Und Gott pflanzte einen Garten. Wie ein guter Gärtner bereitete er den Boden. Er lockerte ihn. Er wässerte ihn. Er legte Samen in die Erde: Samen für die großen Bäume, für dicke Oliven und hohe Palmen. Samen für Obstbäume und Blütenbüsche. Samen für die bunten Blumen und für die kleinste, zarteste Blüte. Dann ließ er es regnen über dem Garten und ließ die Sonne wieder scheinen. Er blies einen weichen, sachten Wind auf seine Saat. Er hatte viel Geduld. Gott wartete und sah der Saat beim Wachsen zu. Und sieh: Wie wunderbar gedieh der Garten! Da wuchsen sie: große, starke Bäume wie ein Dach und schlanke hohe Palmen wie Wächter. Dicke, knorrige Olivenbäume mit glänzenden Früchten. Und Obstbäume: prächtig im Blütenschmuck, verschwenderisch zur Zeit der Reife: pralle Feigen, süße Datteln, gelbe Orangen und Pfirsiche mit weicher Haut. Und erst die Blumen: Alle Farben waren da und alle Formen. Gar nicht zu beschreiben war der Duft. Wie kostbares Öl, wie Honig und Vanille. Die Schmetterlinge und die Bienen – sie kamen ganz von selbst, nur durch den Duft geschaffen. Und schwirrten und summten und lobten den Gärtner. Der aber, Gott, nahm Adam, den Menschen, den er gemacht hatte, und setzte ihn in den Garten. „Alles für dich", sagte er. „ Gib acht darauf und lass es wachsen!"

Zum Vergleich: 1 Mose 2,8–17

www.konfi-live.de

P. S.: Gott als Töpfer

Später nahm Gott noch mehr Erde und formte alle Sorten von Vierbeinern, auch geflügelte Tiere und solche mit Flossen. Und er formte einen zweiten Menschen, eine Frau für Adam. Dann wischte Gott sich die Hände ab, er wusch sie in klarem Wasser. „So lässt es sich leben", sagte er und schaute voll Liebe auf alles, was er gemacht hatte.

Zum Vergleich: 1 Mose 2,18–25

— Ich denke …

Schöpfungstexte der Bibel

„Am Anfang schuf Gott Himmel und Erde" – das ist der erste Satz der Bibel. Es folgt ein sorgfältig geordneter Text, der Gottes Schöpfungswerke auf sieben Tage verteilt: Licht und Dunkelheit; die Wölbung des Himmels; Erde und Wasser und Pflanzen; Sonne, Mond und Sterne; Vögel und Fische; Säugetiere und Menschen: Mann und Frau; den Ruhetag (Sabbat). Gott erschafft all diese Werke mit seinem Wort: „Gott sprach: Es werde ... – Und es ward ..." Der Erzähler bestätigt immer wieder ausdrücklich, dass Gott zufrieden war: „Und Gott sah, dass es gut war."

Der zweite Text (1 Mose 2,4 ff.) ist älter: Da macht Gott einen Menschen aus Erde und bläst ihm den Atem des Lebens in die Nase. Er pflanzt einen Garten (den Garten Eden, das Paradies) und setzt den Menschen hinein. Er gibt ihm Tiere zur Gesellschaft und schließlich baut er aus der Rippe des Menschen eine Partnerin. Das Menschenpaar kann auf Dauer nicht in Gottes Garten bleiben – es strebt nach einem Leben in eigener Verantwortung.

Die Naturwissenschaften haben Theorien über die Entstehung der Welt. Gott, der Schöpfer, kommt darin nicht vor. Ist er überflüssig geworden? Dazu muss man wissen, dass die „sieben Tage" und auch der „Garten Eden" Bilder sind. Menschen haben sie benutzt, um von Gott und Mensch zu reden. Sie wollten zeigen: „Wir sind nicht allein auf der Welt. Es gibt eine Macht, die über uns wacht. Gott gibt sich Mühe mit uns. Er liebt die Welt."

Darum kann man diese Bilder weiter verwenden und weiter an Gott glauben – auch wenn man die Theorien der Naturwissenschaft vernünftig findet.

Aus: RELi + wir, hg. v. I. Kirchhoff, S. Macht, H. Hanisch, Göttingen 2007

www.konfi-live.de

Gott: Lied

Vergiss es nie ...
Vergiss es nie:
Dass du lebst, war keine eigene Idee,
und dass du atmest, kein Entschluss von dir.

Vergiss es nie:
Dass du lebst, war eines Anderen Idee,
und dass du atmest, sein Geschenk an dich.

Vergiss es nie:
Niemand denkt und fühlt und handelt so wie du,
und niemand lächelt so, wie du's grad tust.

Vergiss es nie:
Niemand sieht den Himmel ganz genau wie du,
und niemand hat je, was du weißt, gewusst.

Vergiss es nie:
Dein Gesicht hat niemand sonst auf dieser Welt,
und solche Augen hast alleine du.

Vergiss es nie:
Du bist reich, egal ob mit, ob ohne Geld,
denn du kannst leben! Niemand lebt wie du.

Du bist gewollt, kein Kind des Zufalls, keine Laune der Natur,
ganz egal, ob du dein Lebenslied in Moll singst oder Dur.
Du bist ein Gedanke Gottes -
Ein genialer noch dazu. DU BIST DU.

Jürgen Werth, © Paragon Music Corp.,
Printrechte D, A, Ch: Hänssler Verlag, D-71087 Holzgerlingen

Gott: Erfahrungen

Psalm 23

Der Herr ist mein Hirte

Der HERR ist mein Hirte,
mir wird nichts mangeln.
2 Er weidet mich auf einer grünen Aue
und führet mich zum frischen Wasser.
3 Er erquicket meine Seele.

Er führet mich auf rechter Straße um seines Namens willen.
4 Und ob ich schon wanderte im finstern Tal,
fürchte ich kein Unglück;
denn du bist bei mir,
dein Stecken und Stab trösten mich.

5 Du bereitest vor mir einen Tisch
im Angesicht meiner Feinde.
Du salbest mein Haupt mit Öl
und schenkest mir voll ein.

6 Gutes und Barmherzigkeit werden mir folgen mein Leben lang,
und ich werde bleiben im Hause des HERRN immerdar.

Gott: Erfahrungen

Psalm 22

Oh Gott

*13 Gewaltige Stiere haben mich umgeben,
mächtige Büffel haben mich umringt.
14 Ihren Rachen sperren sie gegen mich auf
wie ein brüllender und reißender Löwe.
15 Ich bin ausgeschüttet wie Wasser,
alle meine Knochen haben sich voneinander gelöst;
mein Herz ist in meinem Leibe wie zerschmolzenes Wachs.
16 Meine Kräfte sind vertrocknet wie eine Scherbe,
und meine Zunge klebt mir am Gaumen,
und du legst mich in des Todes Staub.*

*20 Aber du, HERR, sei nicht ferne;
meine Stärke, eile, mir zu helfen!
21 Errette meine Seele vom Schwert,
mein Leben von den Hunden!
22 Hilf mir aus dem Rachen des Löwen /
und vor den Hörnern wilder Stiere –
du hast mich erhört!*

 Psalm ☞ Seite 76

Gott: Erfahrungen

Psalm 139

Von allen Seiten umgibst du mich

*HERR, du erforschest mich
und kennest mich.*

*2 Ich sitze oder stehe auf, so weißt du es;
du verstehst meine Gedanken von ferne.*

*3 Ich gehe oder liege, so bist du um mich
und siehst alle meine Wege.*

*4 Denn siehe, es ist kein Wort auf meiner Zunge,
das du, HERR, nicht schon wüsstest.*

*5 Von allen Seiten umgibst du mich
und hältst deine Hand über mir.*

*8 Führe ich gen Himmel, so bist du da;
bettete ich mich bei den Toten, siehe, so bist du auch da.*

*9 Nähme ich Flügel der Morgenröte
und bliebe am äußersten Meer,*

*10 so würde auch dort deine Hand mich führen
und deine Rechte mich halten.*

*14 Ich danke dir dafür,
dass ich wunderbar gemacht bin;*

*wunderbar sind deine Werke;
das erkennt meine Seele*

Gott: Erfahrungen

Psalm 103

Das Hohelied der Barmherzigkeit Gottes

Lobe den HERRN, meine Seele,
und was in mir ist, seinen heiligen Namen!
2 Lobe den HERRN, meine Seele,
und vergiss nicht, was er dir Gutes getan hat:
3 der dir alle deine Sünde vergibt
und heilet alle deine Gebrechen,
4 der dein Leben vom Verderben erlöst,
der dich krönet mit Gnade und Barmherzigkeit,
5 der deinen Mund fröhlich macht
und du wieder jung wirst wie ein Adler.

8 Barmherzig und gnädig ist der HERR,
geduldig und von großer Güte.

11 Denn so hoch der Himmel über der Erde ist,
lässt er seine Gnade walten über denen, die ihn fürchten.
12 So fern der Morgen ist vom Abend,
lässt er unsre Übertretungen von uns sein.
13 Wie sich ein Vater über Kinder erbarmt,
so erbarmt sich der HERR über die, die ihn fürchten.

Gott: Bibel neu erzählt

Der gütige Vater: So ist Gott, sagt Jesus

Ein Mann hatte zwei Söhne. Der jüngere von den beiden träumte von Abenteuern und fremden Ländern. Der ältere war gern zu Haus. „Ich will verreisen, Vater, gib mir Geld", sagte der Jüngere schließlich zu seinem Vater. Da gab ihm der Vater alles, was er für den Jungen gespart hatte. Und der Junge ging auf Reisen.

Der verlorene Sohn und sein Bruder

Zwei Jahre lang hörten sie nichts von ihm. Es kam nicht einmal eine Ansichtskarte. Das Leben zu Hause ging seinen Gang. Den Vater aber sah man kaum noch lachen.

Dann, als das dritte Jahr begonnen hatte, da saß der Vater eines Tages vor dem Haus. Und sah in der Ferne eine traurige Gestalt. Langsam und gebeugt näherte sie sich dem Haus. Ganz plötzlich sprang der Vater auf. Und rannte mit ausgebreiteten Armen auf die Jammergestalt zu. Und schloss sie in die Arme. „Mein Sohn! O mein Sohn!", rief er laut.

Als Stunden später der ältere Sohn von der Arbeit nach Hause kam, klang ihm Musik entgegen, der fröhliche Lärm eines Festes. „Was feiert denn mein Vater?", fragte er vor der Tür einen Knecht. „Dein Bruder ist wieder da", antwortete der Diener. „Dein Vater ist sehr froh." „Mein Bruder?", fragte der Ältere. „Er hat wohl alles verloren", sagte der Diener.

Der ältere Sohn blieb draußen vor der Tür und schmollte. Am Ende kam sein Vater. „Mein Sohn", sagte er, „warum kommst du nicht herein und feierst mit uns?" „Was gibt es da zu feiern?", maulte der ältere Sohn. „Mein Sohn", sagte der Vater: „Ich hatte einen Sohn verloren. Jetzt ist er wieder da. Solltest du da nicht fröhlich sein mit mir?"

Zum Vergleich: Lukas 15,11–32

Gleichnis ☞ Seite 78

www.konfi-live.de

Gott: ... und ich

Gott, für mich bist du ...

Wer ist Jesus Christus?

Der Auferstandene begegnet Maria von Magdala

Jesus Christus: Meinungen

„Ein guter Mensch."

„Ein Beispiel für alle"

„So wie Buddha und Ghandi"

„Mein Erlöser"

„Mein Gott und mein Herr."

„Der König der Herzen."

„Ein Wundertäter"

„Gottes Sohn."

„Der ewige König"

„Er hat viele geheilt."

„Er hat sich für uns hingegeben."

Jesus Christus

Von Advent (Anfang des Kirchenjahres) bis Pfingsten (50 Tage nach Ostern) folgt das Kirchenjahr Stationen des Lebens und Wirkens Jesu von Nazareth. Um seine Geburt (Advent und Weihnachten) haben sich zahlreiche Geschichten gebildet. Als Wanderprediger und Wundertäter wirkte er vor allem in Galiläa. In Jerusalem wurde er als Aufrührer („König der Juden") und Gotteslästerer verhaftet, gequält und getötet (Fastenzeit, Karwoche, Karfreitag). Seine Anhänger tauchten zunächst unter, erlebten dann aber, dass Jesus für sie wieder lebendig war (Ostern), und verbreiteten die gute Nachricht: Jesus ist auferstanden. Nach dem Lukas-Evangelium wurde der Auferstandene nach vierzig Tagen in den Himmel entrückt (Himmelfahrt) und sandte von dort den Heiligen Geist, der die ersten kleinen Gruppen inspirierte (Pfingsten).

Jesus – vor seinem Tod Aus der Zeit seiner Wanderungen sind Worte und Taten überliefert. Manche sind historisch, andere spätere Deutungen. So viel ist erkennbar: Jesus hat sich um Kranke und Schwache gekümmert, er hat die Außenseiter der Gesellschaft nah an sich herangelassen. Er hat mit Menschen gegessen und gefeiert, um die viele einen Bogen machten. Er hat anders von Gott gesprochen als die Gläubigen seiner Zeit: Gott sei sein Vater und der Vater aller Menschen, ein liebender Vater. Zwei Dinge erwarte er von den Menschen: Ihr sollt Gott lieben und eure Mitmenschen wie euch selbst.

Jesus – nach Ostern Heiland, Gottessohn, Erlöser, Befreier, Herr, neuer König David – das alles sind Ehrennamen für Jesus. Sie sind aus dem Glauben entstanden, dass sich in diesem Menschen Gott offenbart hat. Der wichtigste Ehrenname für Jesus ist Christus, „der Gesalbte". Er stellt Jesus in engen Zusammenhang zu Israels gesalbtem König David. Jesu Herrschaft ist jedoch nicht auf Gewalt gegründet, sondern auf Vertrauen.

Georg Raatz

www.konfi-live.de

Jesus Christus: Lied

Man sagt, er war ein **Gammler**, er zog durch das ganze Land,
raue Männer im Gefolge, die er auf der Straße fand.
Niemand wusste, wo er herkam, was er wollte, was er tat.
Doch man sagte: Wer so redet, ist gefährlich für den Staat!

Man sagt, er war ein **Dichter**, seine Worte hatten Stil.
Wer ihn hörte, schwieg betroffen, und ein Sturm war plötzlich still.
Seine Bilder und Vergleiche waren schwierig zu verstehn,
doch die Leute saßen stundenlang, ihn zu hören und zu sehn.

Man sagt, er war ein **Zauberer**, an Wundern fehlt' es nicht.
Er ging zu Fuß auf einem See und gab den Blinden Augenlicht.
Machte Wein aus klarem Wasser, kannte Tricks mit Fisch und Brot,
und er sprach von einer Neugeburt, weckte Menschen auf vom Tod.

Man sagt, er war **Politiker**, der rief: Ich mach euch frei!
Und die Masse wollte gern, dass er ihr neuer König sei.
Er sprach laut von Korruption und wies auf Unrecht offen hin,
doch man hasste seinen Einfluss – und so kreuzigten sie ihn.

Er ist der **Sohn des Höchsten**, doch er kam, um Mensch zu sein;
offenbarte Gottes Art, um uns aus Sünde zu befrein.
So hab ich ihn erfahren, ich begann, ihn so zu sehn.
Und ich meine, es wird Zeit, wir sollten ihm entgegengehn.

Musik und Originaltext: Larry Norman;
deutsch von Andreas Malessa; mit frdl. Gen. d. Verfassers

Jesus Christus: Aus der Bergpredigt

Als er aber das Volk sah, ging er auf einen Berg und setzte sich; und seine Jünger traten zu ihm. Und er tat seinen Mund auf, lehrte sie und sprach:

3 Selig sind, die da geistlich arm sind;
denn ihrer ist das Himmelreich.

4 Selig sind, die da Leid tragen;
denn sie sollen getröstet werden.

5 Selig sind die Sanftmütigen;
denn sie werden das Erdreich besitzen.

6 Selig sind, die da hungert und dürstet nach
der Gerechtigkeit; denn sie sollen satt werden.

7 Selig sind die Barmherzigen;
denn sie werden Barmherzigkeit erlangen.

8 Selig sind, die reinen Herzens sind;
denn sie werden Gott schauen.

9 Selig sind die Friedfertigen;
denn sie werden Gottes Kinder heißen.

10 Selig sind, die um der Gerechtigkeit
willen verfolgt werden;
denn ihrer ist das Himmelreich.

Matthäus 5,1–10

Jesus Christus: **Selig seid ihr ...**

Die neue Schöpfung

Jesus Christus: Bibel neu erzählt

Zachäus: Komm herunter!

Da haben sich die Menschen in Jericho schon sehr gewundert: Einer von ihnen, einer, den sie schon aufgegeben hatten, hat sich komplett verändert. Sein Leben auf den Kopf gestellt, von einem Tag zum anderen: Zachäus – gemeinsame Sache mit den Besatzern hatte er gemacht. Ein Verräter war er, ein Lump. Dazu noch ein Betrüger, denn das Pöstchen, das er durch den Verrat ergattert hatte, war wie eine Lizenz zum Geldscheffeln. Zölle kassierte er – einen festen Satz für die Römer, den Rest, willkürlich festgesetzt, in die eigene Tasche. Man sprach nicht mit ihm. Man spuckte vor ihm auf die Erde. Man hasste ihn. Und spottete. Denn Zachäus war klein. – Seit einigen Tagen hat Zachäus ein Schild an der Tür seines Zollhäuschens. „Kommt her zu mir, alle, die in Not sind. Ich will euch abgeben von dem, was mein ist. Kommt her zu mir, alle, die ich betrogen habe. Ich will es euch zurückzahlen." Und er tut es. Er tut es wirklich. Er tut es mit einem Lächeln.

„Was ist mit ihm passiert?", fragen die Leute von Jericho. „Das war Jesus", erzählen einige. „Wisst ihr nicht, dieser Wanderprediger? Von dem einige sagen, er sei Gottes Sohn?" „Ach, der", sagen andere. „Was für eine Enttäuschung! Er kam durch Jericho und wir säumten die Straße. Wir wollten was sehen, was Großes, ein Wunder. Er aber ist nur zum Essen und Feiern gekommen." „Ja", sagten die Ersten. „Und zwar bei Zachäus." „Was sagt ihr da? Aber wieso denn? Was ist da passiert?"

„Auch Zachäus hat an der Straße gestanden, als Jesus in die Stadt kam", erzählen die, die es wissen. „Keine Ahnung, was er sich davon erhoffte. Wir haben ihn nicht vorgelassen. Wir haben ihn ausgelacht. Er aber – er stieg auf einen Baum." – „Auf einen Baum? Ein erwachsener Mann? Wie ein Bengel?" Manche lachen. „Passt auf!", sagt eine Frau. „Was dann passiert ist: Jesus ist genau unter dem Baum stehen geblieben. Komm runter, Zachäus, hat er gesagt. Ich muss heute dein Gast sein."

„Und dann?", fragen die Lacher gespannt. „Dann haben sie gefeiert", sagt die Frau. „Das ist alles. Und seitdem hängt bei Zachäus das Schild. Kommt her zu mir …" „Ein Wunder!", piepst ein Mädchen. „Scheint, dass dieser Jesus doch zu was gut ist: Er hat ihm ordentlich den Kopf gewaschen", meint ein Mann. „Ihn zur Brust genommen", sagt ein anderer. „Ihm Schwefel und Feuer angedroht." „Ich weiß nicht", sagt die Frau. „Ich glaube, er hat ihn einfach – gesehen."

Zum Vergleich: Lukas 19,1–10

Jesus Christus: Bibel neu erzählt

Bartimäus: Wer ist hier blind?

Ein Wundermann kommt in die Stadt, mal sehen, was für Wunder er tut. Sie nennen ihn einen Heiler und einen Retter und den Sohn des Höchsten. Solange er in der Stadt ist, sehen wir nichts von ihm. Als er wieder fortzieht, gehen wir ein Stück mit. Es ist seine letzte Gelegenheit, uns doch noch etwas zu zeigen.

Da sitzt einer am Weg, der Blinde, der da immer sitzt, der Bettler. Wir sehen ihn schon gar nicht mehr. Auf einmal schreit er wie besessen. „Jesus, Sohn des Höchsten, sieh mich an!" – „Du störst!", rufen wir. „Halt doch den Mund!" Er wird uns noch unseren staubigen Wundermann vertreiben, bevor er endlich ein Wunder tut. Doch leider: Der Blinde schreit weiter.

Schon ist es geschehen. Der Wundermann bleibt stehen. „Wer ruft da?" „Ach", sagen wir, „das ist bloß der Blinde, der Bettler." Da hebt der Wundermann den Arm. „Ruft ihn her!", sagt er. Wir zögern. Dann gehe ich hin. „Er ruft dich", sage ich zu dem Blinden. „Steh auf, er will dich sehen." Ich habe nicht damit gerechnet, was meine Worte bewirken. Der Blinde – still hockt er sonst da – schleudert den Mantel von sich, springt auf, wirft sich blind in die Menge. „Er – will – mich – sehen?"

Und Jesus sieht ihn an. „Was willst du, dass ich dir tun soll?" „Mein Meister: dass ich wieder sehen kann." Ich verstehe die Welt nicht. Was reden die beiden für einen Stuss? Als ob sich das nicht ganz von selbst versteht. Jesus nickt. „Wer so viel Hoffnung hat, der kann sehen", sagt er. Bartimäus nickt auch, strahlend. Ohne Stock und Stütze hält er sich an Jesus. Folgt ihm nach aus der Stadt. – Wir bleiben zurück. „Ein Wunder!", sagt neben mir eine Frau. „Dass der Blinde wieder sieht?", frage ich. Ich bin mir nicht sicher, was da geschehen ist. „Ein Wunder, dass Jesus den Blinden gesehen hat", sagt die Frau. „Er war doch nur ein Bettler."

Zum Vergleich: Markus 10,46–52

INFO Wunder ☞ Seite 80

Augen haben und nicht sehen …

Jesus Christus: Bibel neu erzählt

Der Barmherziger Samariter: Was ist Nächstenliebe?

„Was erwartet Gott von uns?", fragten einmal ein paar Leute Jesus. „Wie viel Gutes müssen wir tun?" „Liebe müsst ihr haben", sagte Jesus. „Das ist alles." „Wie viel Liebe?", fragten sie. Da erzählte er ihnen folgende Geschichte …

Es war einfach Pech. Räuber haben ihn überfallen. Ausgeraubt, ausgezogen. Geschlagen und liegen gelassen. Im Niemandsland, zwischen Jerusalem und Jericho. Er ist hilflos. Halb tot. Er kann nicht mal schreien.

Niemandsland? „Ich lebe noch", denkt er sich. „Es ist noch nicht aus. Wenn Gott will, kommt einer vorbei und hilft …"

Lisbeth Zwerger © 2000 Deutsche Bibelgesellschaft, Stuttgart

Die Kehle ist ihm trocken. Die Wunden schmerzen. Die Sonne brennt.

Da – sind das Schritte? Da – ist das eine menschliche Stimme? Ein Schatten fällt auf ihn. Er hebt die Hand. Hilf mir, um Gottes Willen ... – Es war wohl nichts. Nur eine Täuschung. Es war wohl nicht ein gut gekleideter, vornehmer Mann ... Es war wohl kein Mensch ... Schon ist er fort. Und der Mann ist allein.

Niemandsland ... „Ich lebe noch", denkt er. „Es ist noch nicht aus. Wenn Gott will, kommt einer vorbei und sieht meine Not ..." Die Wunden schmerzen. Ihm ist kalt bis ins Mark. Die Sonne – die Sonne kann ihn nicht wärmen.

Da – Schritte. Langsam, bedachtsam. Einer, der im Gehen liest. Ein Schatten fällt auf ihn. Mit letzter Kraft hebt er den Kopf, um zu sehen ... – Es war wohl nichts. Nur eine Täuschung. Es war wohl nicht ein frommer Mann auf dem Weg zum Tempel ... Es war wohl kein Mensch ... Es war nichts. Und der Mann ist allein.

Niemandsland ... Hölle. „Lebe ich noch?", fragt er sich. „Ist's noch nicht aus? Kann es sein – mit Gottes Hilfe: Es geschieht noch ein Wunder?

Da – Hufschlag. Ein Esel, ein lebhaftes Tier. Wie es tänzelt. Ein Kaufmann vielleicht, ein Samariter? Er hat keine Kraft mehr, aufzublicken. Er kann seine Hand nicht mehr heben. „Jetzt oder nie", denkt er. Und seufzt ... Und ein Schatten, ein Schatten kommt näher ...

Zum Vergleich: Lukas 10,25–37

 Gleichnis ☞ Seite 78

 www.konfi-live.de

Jesus Christus: Gelitten unter Pontius Pilatus

1 Verrat im Freundeskreis
Ich nenne ihn meinen Freund,
ich vertraue ihm – er aber wechselt
die Seiten. Zum Vergleich: Mk 14,10–25

2 Einsamkeit in Krise
Ich weiß weder ein noch aus,
ich habe solche Angst – was machen
meine Freunde? Stärken sie mich?
Ach, sie sind überfordert.
Sie schlafen … Zum Vergleich: Mk 14,32–42

3 Verhaftung und Verhör
Sie binden mir Hände und Füße.
Sie schleppen mich vor den Richter.
Wollen sie hören, was ich zu sagen habe?
Haben sie ihr Urteil über mich nicht
längst gefällt? Zum Vergleich: Mk 14,43–64

4 Gewalt und Spott
Ich kann mich nicht wehren. Sie schlagen
mich. Sie spucken mich an. Sie fühlen sich
mächtig stark. Wie müssen sie mich
hassen. Oder macht es ihnen Freude,
Wehrlose zu quälen? Zum Vergleich: Mk 14,65

Jesus Christus: Gekreuzigt, gestorben, begraben

5 Ungerechtigkeit
Auf einmal sind alle gegen mich, auch die, die mir gerade noch zujubelten. Warum glauben sie mir nicht? Ich meine es gut, ich kann sie retten! Warum verurteilen sie mich? Warum muss ich „weg"?

Zum Vergleich: Mk 15,1–14

6 Entwürdigung
Sie reißen mir die Kleider vom Leib. Sie treten mir viel zu nahe. Das darf man niemandem antun. Und wie ich mich öffentlich quälen muss, vor aller Augen! Sie treten meine Würde mit Füßen. Nur zu einem werden sie mich nicht zwingen: zu sagen, was ich nicht will.

Zum Vergleich: Mk 15,15–20

7 Foltertod
Wie einsam ist dieser Tod. Und wie unbeschreiblich schmerzhaft. Wer denkt sich so etwas aus. Grausam, unbarmherzig, unmenschlich! Ich werde nicht länger schweigen. Ich schreie zu Gott. So etwas darf nicht geschehen, Gott! Gott, siehst du das? Kannst du das mit ansehen? – Mein Gott, mein Gott, warum hast du mich verlassen?

Zum Vergleich: Mk 15,22–34

Jesus Christus: Auferstanden – für mich?

Für mich hat es wenig Bedeutung, dass er am Kreuz gestorben {ist}, denn für mich ist nicht das Entscheidende, wie er gestorben ist, sondern dass er von Gott wieder auferweckt wurde. Es gibt mir Hoffnung, dass es ein Leben nach dem Tod gibt, auf ein friedliches Leben „im Himmel".

Das nimmt uns die Angst vor dem Tod, weil wir uns sicher sein können, dass es noch ein Leben nach dem Tod gibt. Ich denke, dass man durch diese Sicherheit sogar eine höhere Lebensqualität bekommen kann, weil man vor dem Ende keine Angst mehr haben muss.

Was kann Jesus für die Fehler der Menschen, und wieso soll er das auf sich nehmen!?

Er hat sich für uns alle geopfert und Gott damit freundlich gestimmt, sonst hätten die Menschen damals ein größeres Opfer bringen müssen, um sich mit Gott zu versöhnen.

Jesus ist aus Liebe zu den Menschen gestorben, also auch aus Liebe zu mir, das ist cool.

Dass Jesus Christus am Kreuz gestorben ist, zeigt [...], was er alles auf sich genommen hat für uns, nämlich einen schmerzhaften und grausamen Tod, um unsere Schuld auf sich zu nehmen.

Der ist für die gestorben, die an ihn glauben, und er trägt ihre Sünden, damit auch sie nach dem Tod frei von Sünde auferstehen.

Jesus Christus: Am dritten Tage auferstanden von den Toten

Kreuzestod

Die Kreuzigung stellte im römischen Reich eine gängige Hinrichtungsart für schwere Verbrechen dar und demonstrierte einen Akt der Demütigung. Für die Verurteilung und Hinrichtung Jesu (ca. 30 n.Chr.) waren der römische Statthalter Pontius Pilatus und jüdische Gremien gemeinsam verantwortlich. Die Vorwürfe lauteten: Herrschaftsanspruch als König der Juden und als Messias, Anstiftung zum Aufruhr (Tempelreinigung) und Gotteslästerung (Sohn Gottes).

Vielleicht schon seit Jesus, spätestens aber seit Paulus und bis heute versuchen christliche Theolog/inn/en, dem Kreuzestod Jesu einen Sinn zu geben. Welchen Sinn kann der Tod eines Menschen für andere haben?

Der Gedanke, dass Jesus als Sühnopfer für unsere Sünden stellvertretend gestorben sei, ist aus guten Gründen für viele Menschen nicht mehr nachvollziehbar. Warum soll ein Mensch für die Sünden von anderen sterben, und was wäre das für ein Gott, der den Tod eines Menschen fordert?

Trotzdem kann der Gedanke der Stellvertretung einen Sinn haben: Jesus ist mit seinen Worten und Taten für andere Menschen eingetreten und geht dafür in den Tod. Und: Für uns alle hat er ein neues Gottes- und Menschenbild in die Geschichte eingebracht und die schmerzlichen Konsequenzen dafür getragen.

Gerade im Kreuz wird dieses neue Menschen- und Gottesbild anschaulich: Wenn Gott der Inbegriff der unendlichen Liebe, Gerechtigkeit und Wahrheit ist, dann ist all dies stärker als das, was uns von Gott trennt, stärker auch als der Tod. So können wir uns bewusst werden, dass dieser Gott uns beisteht, Schuld vergibt und ewiges Leben schenkt.

Georg Raatz

www.konfi-live.de

Jesus Christus: Auferstanden – für mich?

Wie kann der Tod von jemandem einen anderen erlösen, noch dazu, wenn sich der andere keiner Schuld bewusst ist.

Ich glaube, dass Jesus gelebt hat, und ich glaube auch, dass er viele gute Taten vollbracht hat und eine sehr intensive Beziehung zu Gott hatte, aber ich kann mir nur schwer vorstellen, dass Gott selbst in Form eines Menschen auf die Erde gekommen ist, um für uns zu sterben und uns zu erlösen. Ich weiß nicht genau, warum, aber ich kann es mir eben nur schwer vorstellen.

Ich sehe [...] den Tod und die Auferweckung eher als einen symbolischen Akt für unsere Erlösung an.

[Manche Menschen können] nicht nachvollziehen [...], wieso jemand für jemand anderen sterben sollte. Ich kann das, ehrlich gesagt, auch nicht nachvollziehen. (m., rk.)

... um Hoffnung zu geben als jemand, der sich aufgeopfert hat für die Menschen. – Oder um den Menschen das Gefühl zu geben, dass ihr Leben einen Sinn haben muss, weil jemand dafür gestorben ist.

Aus einer empirischen Untersuchung von Michaela Albrecht, vgl. dies., Vom Kreuz reden im Religionsunterricht, Göttingen 2008

Jesus Christus: ... und Ich

Jesus, für mich bist du ...

Was ist Heiliger Geist?

Ich meine ...

Der Heilige Geist ... ist kein Gespenst

Der Heilige Geist ist ein bunter Vogel

der heilige geist
er ist nicht schwarz
er ist nicht blau
er ist nicht rot
er ist nicht gelb
er ist nicht weiß

der heilige geist ist ein bunter vogel
er ist da
wo einer den andern trägt
der heilige geist ist da
wo die welt bunt ist
wo das denken bunt ist
wo das denken und reden und leben gut ist

Aus: Wilhelm Willms, roter faden glück, lichtblicke
© 1974 Verlag Butzon & Bercker, Kevelaer, 5. Auflage 1988, 3.2

Der Heilige Geist ist: ... ein bunter Vogel

Der Heilige Geist: In der Bibel

Vor der Schöpfung
Am Anfang schuf Gott Himmel und Erde. Und die Erde war wüst und leer, und es war finster auf der Tiefe; und der Geist Gottes schwebte auf dem Wasser.

1 Mose 1,1f.

Bei Jesu Taufe
Und alsbald, als er aus dem Wasser stieg, sah er, dass sich der Himmel auftat und der Geist wie eine Taube herabkam auf ihn.

Markus 1,10

Zu Pfingsten
Und es geschah plötzlich ein Brausen vom Himmel wie von einem gewaltigen Wind und erfüllte das ganze Haus, in dem sie saßen. 3 Und es erschienen ihnen Zungen, zerteilt wie von Feuer; und er setzte sich auf einen jeden von ihnen, 4 und sie wurden alle erfüllt von dem Heiligen Geist und fingen an zu predigen in andern Sprachen, wie der Geist ihnen gab auszusprechen.

Apostelgeschichte 2,2–4

Der Heilige Geist: In deiner Kirche

Gibt es in deiner Kirche ein Bild vom Geist als Taube?

Der Heilige Geist: Die Bibel, neu erzählt

Ach, der Petrus ... keine Freude, kein Feuer. Nicht einen Funken Leben hat er in den Adern. Zusammengesunken sitzt er da. Verloren. – Den Freund, den Bruder, den Lehrer, den Herrn ...

„Wisst ihr noch", sagt er: „Wie Jesus uns rief? Und wir waren Feuer und Flamme? Wisst ihr noch, wie er predigte? Und die Menschen vergaßen Essen und Trinken und Schlafen? Weil sie brannten? Brannten auf seine Worte ...? Nun ist der Ofen aus, er ist fort und wir sind allein. Ich friere", sagt Petrus.

Auf einmal wird ihm heiß. Auf einmal knistert die Luft vor Spannung. *Wenn das Feuer aus ist, Petrus, dann macht man es wieder an ...* Da ist keine Stimme. Aber er hört es trotzdem. *Was, wenn wir es halten wie eine Fackel? Wenn wir es weiterrei-*

Thomas Zacharias © VG Bild Kunst, Bonn 2013

chen, von einem zum anderen. Wenn mein Feuer ausgeht, dann brennt es bei den anderen weiter. Und sie geben mir Feuer, wenn ich es brauche, und ich gebe ihnen Feuer, wenn sie es brauchen.

„Ich brenne vor Eifer!", ruft Petrus. „Ich könnte euch alle entzünden!" Auf einmal ist es hell in dem dunklen Raum, in dem sie hocken. Sie richten sich auf. Sie sehen sich an. Und jeder entdeckt das Feuer in den Augen der anderen. „Wir sind noch nicht tot", sagt Petrus. „Wir sind nicht verloren. Mag sein, dass der Herr nicht mehr hier ist. Aber wir, wir sind doch hier. Wir können von ihm erzählen. Und von Gott. Wir können seine Botschaft weitersagen. Ist sein Wort nicht wie ein Feuer?"

Petrus reißt die Türen auf. Er rennt ins Freie. „He, was ist los?", fragen die Leute. „Du rennst ja, als ob es brennt!" „Ja, es brennt!", ruft Petrus. „Es brennt in meinem Herzen. Ich muss euch was sagen: das Geheimnis von Jesus Christus, unserem Herrn: Er war tot und er ist lebendig! Das Leben brennt heller als der Tod! Das Leben ist unauslöschlich. Wie Gottes Liebe zu euch!"

Und die Menschen? Menschen von nah und fern, und von ganz fern – die alle zum Pfingstfest nach Jerusalem gekommen sind? Sie sprechen nicht alle aramäisch wie Petrus. Sie sprechen griechisch und lateinisch, persisch und kappadokisch und pamphylisch ... Trotzdem verstehen sie ihn. Sie verstehen: Es brennt. Sie verstehen: in mir! Sie verstehen: Jesus lebt! Sie verstehen: Das Leben ist stärker als der Tod. Sie verstehen: Gottes Liebe brennt heißer als alle Flammen!

Sie fangen an zu lachen. Zu jubeln. Sie fallen sich gegenseitig um den Hals. Und nur ganz wenige spotten. Das kommt wohl vom Wein, sagen sie. Aber andere rufen: Das ist das Feuer des Lebens!

Zum Vergleich: Apostelgeschichte 2,1–13

Der Heilige Geist

„Bist du denn von allen guten Geistern verlassen?" In unserer Umgangssprache hat sich die Erinnerung daran erhalten, dass Menschen nicht allein aus eigener Kraft sind, was sie sind, und dass sie für ihr Tun Inspiration brauchen, die nicht aus ihnen selbst kommt.

> „Der gute Geist des Hauses" heißt ein Mensch, der dafür sorgt, dass alle in Frieden zusammenleben können.
> Den „Geist der olympischen Bewegung" beschwören wir, wenn wir hoffen, dass es nicht um Sieg und Prestige allein geht, sondern um Freundschaft und fairen Wettbewerb. Und wo das gelingt, sehen wir den „Sportsgeist" am Werke.
> Und natürlich wissen die meisten, was es heißt, „total beGEISTert" zu sein …

In dem allen drückt sich die Erfahrung aus, dass es für das Zusammenleben der Menschen, für das Leben jedes Menschen nicht nur auf das Machbare und Berechenbare ankommt, sondern dass da mehr geschieht, als sich mit nüchternen Worten oder den Begriffen der Wissenschaft fassen lässt.

Da ist etwas am Werk, da ist jemand am Werk, wir sagen „Geist" dazu, und gebrauchen damit ein Bild, weil wir es ohne Bilder nicht fassen können.

Christen reden vom „Heiligen Geist". Was „heilig" ist, gehört zu Gott. Der Heilige Geist ist Geist von Gott, Kraft, Bewegung, Beunruhigung, unberechenbar und unverzichtbar. Verschiedene und vielfältige Erfahrungen haben Menschen mit dem Geist Gottes in Verbindung gebracht. Sie haben erkannt, dass dieser Geist – unberechenbar und geheimnisvoll – so wesentlich zu Gott gehört, dass sie schließlich bekannten: „Ich glaube an den Vater und den Sohn und den Heiligen Geist."

Aus dem Evangelischen Erwachsenenkatechismus (leicht gekürzt).
© 2010 by Gütersloher Verlagshaus, Gütersloh, in der Verlagsgruppe Random House GmbH, München

www.konfi-live.de

Der Heilige Geist: Lied

Gott gab uns Atem, damit wir leben

1. Gott gab uns Atem, damit wir leben.
   Er gab uns Augen, dass wir uns sehn.
   Gott hat uns diese Erde gegeben,
   dass wir auf ihr die Zeit bestehn.

2. Gott gab uns Ohren, damit wir hören.
   Er gab uns Worte, dass wir verstehn.
   Gott will nicht diese Erde zerstören.
   Er schuf sie gut, er schuf sie schön.

3. Gott gab uns Hände, damit wir handeln.
   Er gab uns Füße, dass wir fest stehn.
   Gott will mit uns die Erde verwandeln.
   Wir können neu ins Leben gehn.

Text: Eckart Bücken 1982
Melodie: Fritz Baltruweit 1982,
© Strube Verlag, München

Was steht in der Bibel?

Die Bibel: Meinungen

Gottes Wort, von Menschenhand geschrieben

Hilft mir, Gott näher zu kommen

Erzählt Jesu Geschichte (3)

Buch, das jeder kennt

Immer aktuell

Größte Geschichte der Welt

Grundlage für mein Leben

Zeugnis einer vergangenen Zeit

Die Bibel

Die Bibel ist nicht vom Himmel gefallen. Sie ist in einem Prozess entstanden, der ca. 700 Jahre dauerte. Aus einzelnen Sammlungen von mündlichen Erzählungen und Texten schufen verschiedene Dichter und Gelehrte die einzelnen Bücher. Erst um 200 nach Christus stand fest: Die wichtigsten Schriften zusammen – das ist die Bibel. Ihre beiden Hauptteile, das sogenannte Alte und das Neue Testament, spannen einen Bogen von der Schöpfung der Welt bis zu der Hoffnung auf ein gutes Ende dieser Welt.

Seit dem frühen Mittelalter wurde die Bibel in Klöstern sorgfältig abgeschrieben, oft auch verziert und bemalt. Man entwickelte komplizierte Methoden der Auslegung. Martin Luther stellte die Bibel ins Zentrum von Kirche und Glauben: Sie hat Vorrang vor anderen kirchlichen Traditionen und Lehren. Er übersetzte die Bibel aus dem Hebräischen und Griechischen ins Deutsche (1521–1534). Jeder sollte die Bibel im Gottesdienst in seiner Muttersprache hören, aber auch selbst lesen und verstehen können.

Spätestens seit der Aufklärung wird die Bibel als ein historisches Dokument, eine Quelle, verstanden und mit wissenschaftlichen Methoden erforscht und ausgelegt.

In unserer Kirche spielt die Bibel eine zentrale Rolle für den Glauben, den Gottesdienst und die Rede von Gott. Es geht darum, aus dem reichen Schatz der Erfahrungen zu schöpfen, die Menschen in ihrer Welt, ihrer Geschichte und ihrem Leben mit Gott gemacht haben. Im Zentrum steht Jesus von Nazareth, sein Leben und sein Gottes- und Menschenbild.

Neben der Lutherübersetzung gibt es andere Ausgaben, zum Beispiel die „Gute Nachricht" oder die „Einheitsübersetzung", die die katholische und die evangelische Kirche gemeinsam verantworten.

Georg Raatz

 www.konfi-live.de

Die Bibel: Eine Bibel-io-thek

Ordne die Bücher selbst ins Bücherbord.

Per Mausklick mehr erfahren
auf www.gak-meppen.org/konfer_bibelbibliothek

Die Bibel aufschlagen

Die Bibel besteht aus vielen einzelnen Büchern / Schriften, Kapiteln und Versen.

> Ich suche das Inhaltsverzeichnis: Die Bibel ist ein Sammelband mit zwei Hauptteilen, dem Alten Testament (AT) und dem Neuen Testament (NT). Jeder Hauptteil besteht aus einzelnen Büchern. Zu jedem Buch liefert das Inhaltsverzeichnis mir eine Seitenzahl.

> Ich schlage ein Buch auf, z. B. im Neuen Testament das Matthäusevangelium: Es besteht aus vielen Kapiteln, die je mit einer großen, fettgedruckten Ziffer beginnen.

> Ich sehe mir ein Kapitel an: Es besteht aus einzelnen Versen, die je mit einer kleinen Ziffer gekennzeichnet sind.

> Ich suche probehalber im Neuen Testament, im Buch des Matthäus, im 7. Kapitel den Vers 7 (geschrieben: Mt 7,7)

- Ich suche im Inhaltsverzeichnis den Beginn des Matthäusevangeliums.
- Ich finde das Kapitel mit der großen fettgedruckten 1 im Neuen Testament.
- Ich blättere weiter, denn ich suche ja nicht Kapitel 1, sondern 7, dafür brauche ich die fett gedruckte große 7.
- Ich suche nun die schwach gedruckte kleine 7 für den Vers.

www.konfi-live.de

Die Bibel: **Starke Worte**

MUT

Jesaja spricht in Gottes Namen: „Fürchte dich nicht; ich habe dich erlöst; ich habe dich bei deinem Namen gerufen; du bist mein." Jes 43,1

TOD & LEBEN

Paulus bekennt: „Denn ich bin gewiss, dass weder Tod noch Leben, weder Engel noch Mächte noch Gewalten, weder Gegenwärtiges noch Zukünftiges, weder Hohes noch Tiefes noch irgendeine Kreatur uns scheiden kann von der Liebe Gottes, die in Christus Jesus ist, unserm Herrn." Röm 8,38 f.

TROST

Jesaja spricht in Gottes Namen: „Die auf Gott vertrauen, die kriegen neue Kraft, dass sie auffahren mit Flügeln wie Adler ... Jes 40,31

TROST

Jesaja spricht in Gottes Namen: „Ich will euch trösten, wie einen seine Mutter tröstet." Jes 66,13

Psalmen

> Da hat einer furchtbare Angst.
> Ein anderer hat Rettung erfahren.
> Eine Gemeinde trifft sich zum Gottesdienst.
> Ein Volk in Not sucht Trost.

Alle möglichen Erfahrungen des Einzelnen oder einer Gruppe können vor Gott ausgebreitet werden. Denn Gott ist ein Gott, der auf uns hört. 150 gesungene Gebete im Alten Testament geben Zeugnis davon, dass Menschen dieses Angebot Gottes immer wieder in Anspruch genommen haben: Die Psalmen oder auch: Der Psalter.

Sie sind doppelt wichtig: Sie machen dir Mut und geben dir Anleitung, selbst mit Gott zu sprechen. Sie stehen dir zur Verfügung. Du kannst sie nachsprechen, wenn dir selbst die Worte fehlen.

Viele Menschen greifen gern auf die alten Texte zurück, z. B. wenn sie einen Tauf-, Trau-, oder Konfirmationsspruch suchen. Vielleicht findest auch du hier Anregungen für deinen Konfirmationsspruch?

Übrigens findest du auch im Neuen Testament viele Verse aus den Psalmen – sie haben geholfen, zu verstehen und zu erklären, was es mit Jesus auf sich hatte.

www.konfi-live.de

Die Bibel: **Starke Worte**

GOTT — Jona erkennt: „Gnädig, barmherzig, langmütig und von großer Güte ist Gott ..." Jona 4,2

GOTT — Ein Beter sagt: „Herr, mein Gott, du bist sehr herrlich; du bist schön und prächtig geschmückt. Licht ist dein Kleid, das du anhast ..." Ps 104,1f.

GOTT — Ein Beter sagt: „Herr, deine Güte reicht, soweit der Himmel ist, und deine Wahrheit, so weit die Wolken gehen. Deine Gerechtigkeit steht wie die Berge Gottes und dein Recht wie die große Tiefe." Ps 36,6

GOTT & MENSCH — Ein Mensch sieht, was vor Augen ist. Gott aber sieht das Herz an. 1 Sam 16,7

GOTT & MENSCH — Johannes schreibt: „Gott ist die Liebe; und wer in der Liebe bleibt, der bleibt in Gott und Gott in ihm." 1 Joh 4,16

GOTT & MENSCH — Jesus Christus spricht: „Was nützt es dem Menschen, die ganze Welt zu gewinnen, wenn er dabei sich selbst verliert?" Lk 9,25

Gleichnisse

Jesus redete „in Gleichnissen", lesen wir bei Matthäus (Mt 13,34), wir können auch sagen: in Bildern. Er erzählte Geschichten aus dem Alltagsleben seiner Zuhörer – oft mit verblüffendem Ausgang. Am Ende sagte er: „So ist Gott" oder: „So ist Gottes Reich / so sollt ihr leben". Jedes Gleichnis hat Stellen, die offen sind für Gott: Gott sucht – wie ein guter Hirte – das verlorene Schaf und trägt es heim; Gott bezahlt – anders als ein Geschäftsmann – nicht nach Leistung, sondern nach seinem guten Willen.

Zum Beispiel

> Das Gleichnis vom gütigen Vater (siehe Seite 36 f. und Lukas 15,11–32): Gott ist wie ein Vater; er begegnet seinen Kinder mit geöffneten Armen.
> Das Gleichnis vom großen Fest (Lukas 14,15–24): Gottes Reich ist wie ein Fest, zu dem alle eingeladen sind. Keiner wird ausgeschlossen; aber wer nicht kommt, verpasst alles.
> Das Gleichnis vom barmherzigen Samariter (siehe Seite 50 f. und Lukas 10,25–37): Gottes Reich beginnt, wo Menschen aufeinander achten. Gutes tun kann jede/r.
> Das Gleichnis vom Senfkorn (Matthäus 13,31–32): Gottes Reich wächst wie ein Senfkorn zur Staude; das Kleine wird bei Gott ernstgenommen und wächst über sich hinaus.

Aus: RELi und wir, hg. von I. Kirchhoff, S. Macht, H. Hanisch, Göttingen 2007

www.konfi-live.de

Die Bibel: Starke Worte

Micha spricht: „Es ist dir gesagt, Mensch, was gut ist: Gottes Willen tun, Liebe üben und demütig sein vor Gott, deinem Herrn." Mi 6,8

GOTT & MENSCH

Jesus spricht: „Bittet, so wird euch gegeben; suchet, so werdet ihr finden; klopfet an, so wird euch aufgetan." Mt 7,7

GOTT & MENSCH

Jesus spricht: „Alles nun, was ihr wollt, dass euch die Leute tun, das tut ihnen auch." Mt 7,12

MENSCH & MENSCH

Jesus spricht: „Du sollst deinen Nächsten lieben wie dich selbst." Mk 12,31

MENSCH & MENSCH

Paulus empfiehlt: „Lass dich nicht vom Bösen überwinden, sondern überwinde das Böse mit Gutem." Rö 12,21

MENSCH & MENSCH

Wunder

Jesus von Nazareth war ein Wanderlehrer und auch ein Wundertäter. Wie seine Gleichnisse so weist auch das, was Jesus für Menschen konkret an Wunderbarem getan hat, über sich hinaus; es zeigt: Das Leben kann sich zum Guten wenden, wider alle Erwartung.

In den Evangelien werden verschiedene Arten von Wundern erzählt: Heilungen, Dämonenaustreibungen, Rettungswunder, Geschenkwunder. Die Erzählungen dieser verschiedenen Wunder sind unterschiedlich entstanden und unterschiedlich zu verstehen.

Heilungen und Dämonenaustreibungen Diese Wunder werden von den Evangelisten, aber auch außerhalb der christlichen Überlieferung bezeugt. Jesus hat Menschen geheilt, die nach dem Verständnis der damaligen Zeit krank oder von bösen Mächten besessen waren. Mit diesen Wunderheilungen hat er seine Zeitgenossen beeindruckt und irritiert.

Natur- und Geschenkwunder Gegen alle Unsicherheiten, Ängste und Zweifel der ersten Gemeinden machen diese Wunder erlebbar: Der Glaube an Gott bedeutet Hoffnung. Der Glaube macht das Leben reich. Er macht Menschen satt und schenkt Freude.
Das Verständnis der Wunder Jesu als übernatürliche Geschehnisse ist heute problematisch. Was an ihnen historisch ist, kann in Zweifel gezogen werden. Wie auch immer sie aber verstanden werden: Deutlich wird an ihnen, dass Ereignisse im Leben als Wunder erfahren und gedeutet werden können, etwa wenn das persönliche Leben Wendungen zum Guten erfährt und wenn Menschen Glück widerfährt, das sie sich selbst nicht geben konnten. Das größte Wunder ist daher auch das Leben selbst.

Georg Raatz

 www.konfi-live.de

Die Bibel: Starke Worte

GEBORGENHEIT — Ein Beter spricht: „Er hat seinen Engeln befohlen, dass sie dich behüten auf allen deinen Wegen." Ps 91,11

GEBORGENHEIT — Ein Beter spricht: „Nähme ich Flügel der Morgenröte und bliebe am äußersten Meer, so würde auch dort deine Hand mich führen und deine Recht mich halten." Ps 139,9–10

HOFFNUNG — Micha verkündigt: „Sie werden ihre Schwerter zu Pflugscharen und ihre Spieße zu Sicheln machen. Es wird kein Volk wider das andere das Schwert erheben, und sie werden hinfort nicht mehr lernen, Krieg zu führen. Micha 4,3

GEBORGENHEIT — Ein Beter spricht: „Wer unter dem Schirm des Höchsten sitzt und unter dem Schatten des Allmächtigen bleibt, der spricht zu dem Herrn: Meine Zuversicht und meine Burg, mein Gott, auf den ich hoffe." Ps 91,1

LIEBE — Paulus schreibt: „Nun aber bleiben Glaube, Hoffnung, Liebe, diese drei; aber die Liebe ist die größte unter ihnen." 1 Kor 13,13

HOFFNUNG — Der Seher Johannes spricht: „Und Gott wird abwischen alle Tränen von ihren Augen, und der Tod wird nicht mehr sein, noch Leid noch Geschrei noch Schmerz wird mehr sein; denn das Erste ist vergangen." Offb 21,4

Die Bibel: Mein starkes Wort

*Heute, am
__ __ 20__:*

Wo ist Kirche?

B. Nascimbeni © Bayard Editions 2010, Frankreich

Wohin ziehst du dich zurück, wenn du mit dir allein sein willst?
Gibt es einen Ort, der dir HEILIG ist?

Kirche: Lied

In deinem Haus bin ich gern, Vater, wo du mein Denken füllst;
da kann ich dich hören, Vater, sehn, was du willst.
In deinem Haus will ich bleiben, Vater; du weist mich nicht hinaus,
und nichts soll mich vertreiben, Vater, aus deinem Haus.

Mich locken viele Sterne an meinem Horizont.
Sie weisen in die Ferne, und jeder sagt mir, dass sein Weg sich lohnt.

In deinem Haus bin ich gern, Vater, weil du die Sonne bist
und nicht nur ein Stern, Vater, der mich vergisst.
In deinem Haus will ich bleiben, Vater; füll du mich völlig aus,
und nichts soll mich vertreiben, Vater, aus deinem Haus.

Nimm du aus meinen Sinnen die alte Sattheit fort;
ich will ganz leer beginnen, mich umgestalten lassen durch dein Wort.

In deinem Haus hör ich gern, Vater, was du zu sagen hast;
auch das will ich hören, Vater, was mir nicht passt.
In deinem Haus will ich bleiben, Vater; füll du mich völlig aus.
Dann kann mich nichts vertreiben, Vater, aus deinem Haus.

Text und Melodie: Manfred Siebald,
© 1972 SCM Hänssler, 71087 Holzgerlingen

Kirche: Haus für Gott

König Salomo soll der Erste gewesen sein: Er baute ein Haus für Gott. Vorher hat Gott lieber gezeltet, 2 Mose 33,7: So soll die sogenannte „Stiftshütte" ausgesehen haben, ein transportables Heiligtum, das das Volk Israel auf seiner Wüstenwanderung mit sich führte.

Originalgetreues Modell der Stiftshütte im Timna Park, Israel

Kirche: Außen

Kirche: Innen

Altar

Kanzel

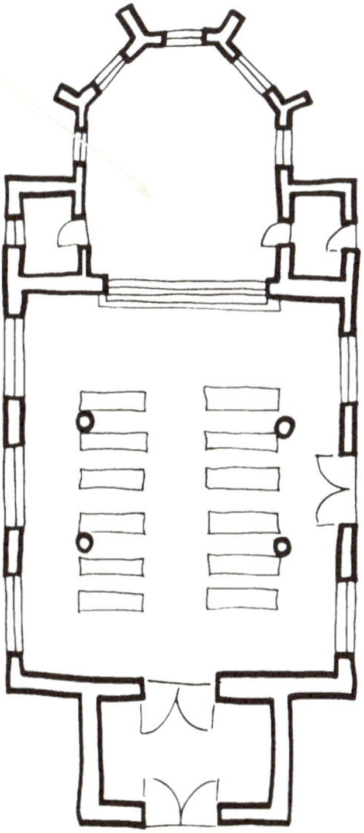

Orgel

Bibel

Kreuz

Taufstein

Kirche: Feste

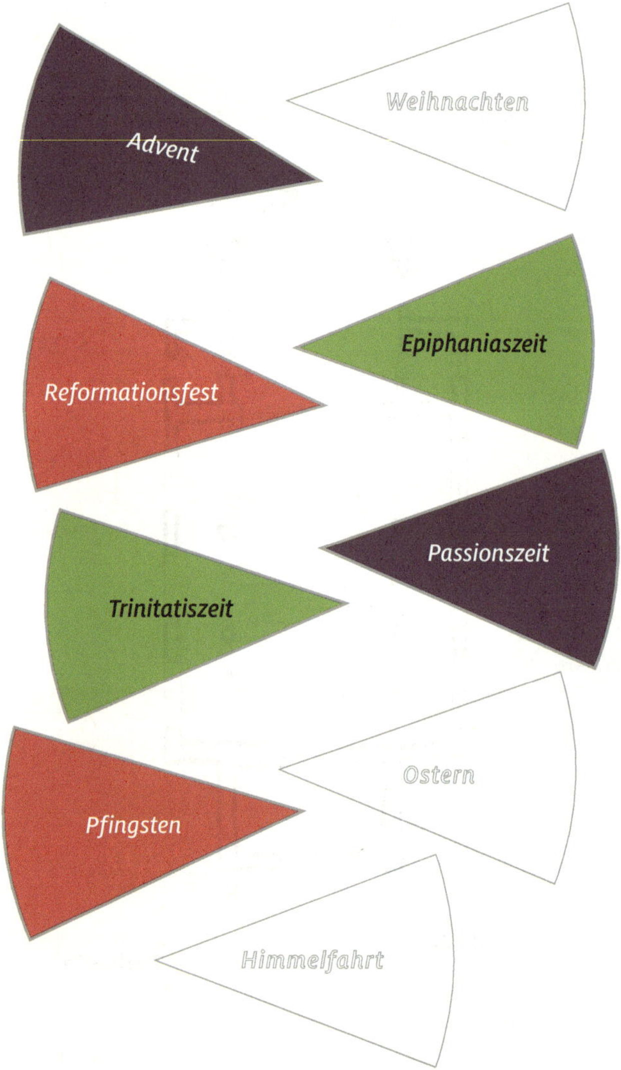

- Advent
- *Weihnachten*
- Reformationsfest
- Epiphaniaszeit
- Trinitatiszeit
- Passionszeit
- Pfingsten
- *Ostern*
- *Himmelfahrt*

Advent
Wir warten auf die Geburt des Heilands.

Weihnachten
Der Heiland wird geboren.

Epiphaniaszeit
Gott ist Mensch geworden.

Passionszeit
Jesus geht zum Kreuz.

Ostern
Jesus ist auferstanden.

Himmelfahrt
Jesus geht zu Gott.

Pfingsten
Der Heilige Geist kommt auf die Erde.

Trinitatiszeit
Der Heilige Geist ist da.

Reformationsfest
Martin Luther entdeckt die Botschaft von der Liebe Gottes neu.

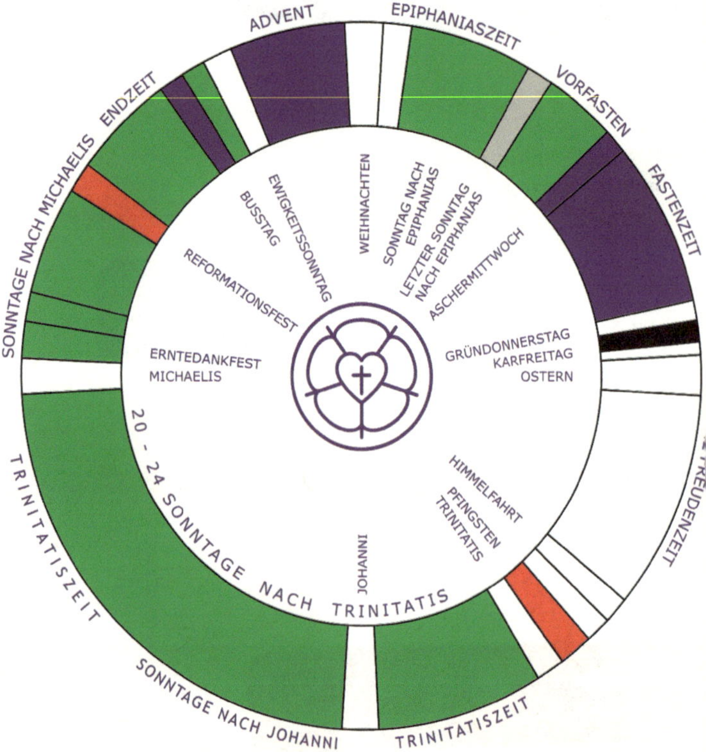

Kirche: Kirchenjahr

Das Kirchenjahr beginnt mit dem ersten Adventssonntag!

`← → 🔖 www.velkd.de/vom_sonntag_her.php`

VELKD: Eine Kirche
Was wir glauben
Was wir leisten
Was uns aktuell bewegt
Informationen und Publikationen
Einrichtungen der VELKD
Lutherisch weltweit
Vom Sonntag her leben
  Der Weihnachtsfestkreis
  Der Osterfestkreis
  Die Trinitatiszeit

Suche nach Leben

Amt der VELKD » mehr
Zentrale: 0511/27 96-0
Herrenhäuser Str. 12
30419 Hannover

Pressestelle
Tel.: 0511/27 96-527, -421
Fax: 0511/27 96-182

DARSTELLUNG ANPASSEN
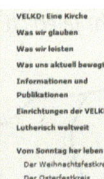

🇬🇧 Information in English »

Vom Sonntag her leben

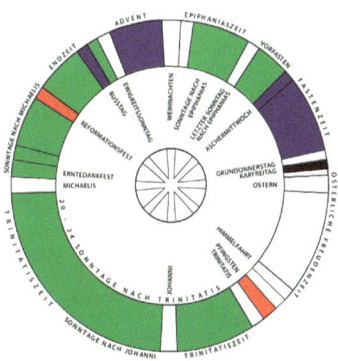

Das Kirchenjahr verbindet die Grunddaten des Glaubens mit dem Ablauf des Jahres. Die Sonntage sowie die jährlich wiederkehrenden Feste und Feiertage bestimmen den Jahreskreis, der sich in den **Weihnachtsfestkreis**, den **Osterfestkreis** und die **Trinitatiszeit** einteilen lässt. Das neue Kirchenjahr beginnt jeweils am 1. Advent.

Für jeden Sonn- und Feiertag wurden jeweils ein Wochenspruch, Lesungen (Evangelium, Epistel, Altes Testament), ein Wochenlied, ein Wochenpsalm und eine bestimmte liturgische Farbe festgelegt. Der Wochenspruch fasst in einem biblischen Satz das Thema des Tages zusammen. Das Evangelium und die Epistel entfalten es, während das Wochenlied und der -psalm es ergänzen. Das jeweils aktuelle Wochenlied können Sie **HIER** anhören.

Darüber hinaus sind auf unseren Seiten Fürbittengebete

🐿️ Von jedem Fest direkt zu seiner Beschreibung:
per Mausklick auf www.velkd.de/vom_sonntag_her.php

Kirche: Katholisch

Was uns auffällt / was wir hören …

Es geht feierlich zu.

Man verbeugt sich vor dem Altar oder knickst.

In der katholischen Kirche riecht es nach Weihrauch.

Nur Männer dürfen Priester sein. Sie dürfen nicht heiraten.

Wer die Kirche betritt, bekreuzigt sich.

Das tut man wegen des Tabernakels. Das ist ein Kasten, in dem die geweihten Hostien aufbewahrt werden – der Leib Christi.

Neben der Eucharistie gibt es sechs weitere Sakramente: Taufe, Firmung, Beichte, Ehe, Priesterweihe, Krankensalbung.

Der Priester leitet die Eucharistie.

Das ist das Kernstück der Messe.

Dem Priester helfen Ministrant/inn/en.

„Hostie", „Messe" und „Eucharistie" usw. – was ist das? Per Mausklick mehr erfahren auf www.katholisch.de; „katholisch für Anfänger"

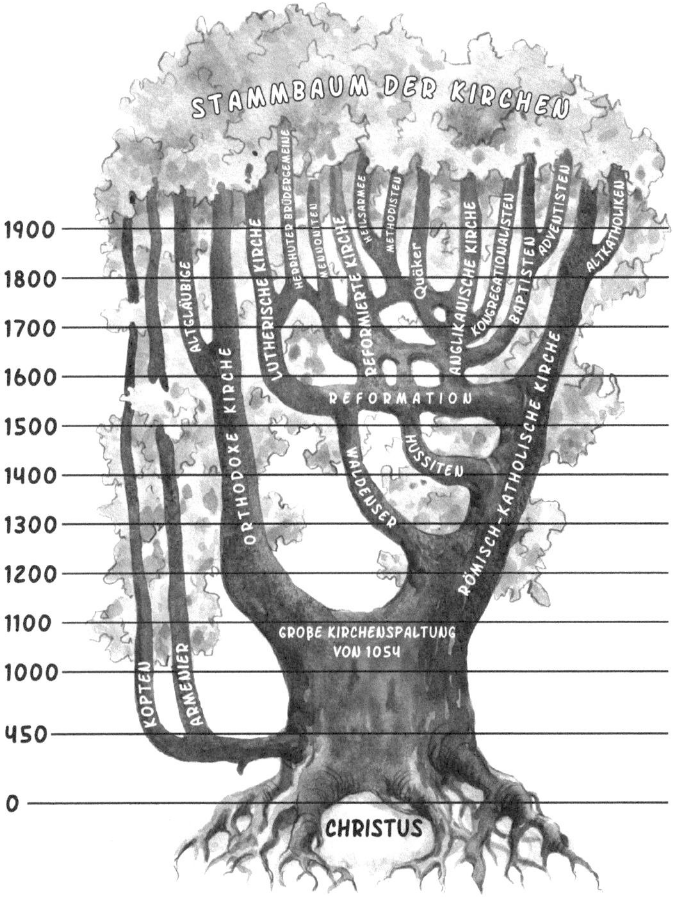

Kirche: Konfessionsbaum

Luthers Leben

1483 (10.11.)	Geburt in Eisleben (Vater Bergmann, Minenbesitzer)
ab 1490	Schulbesuch in Mansfeld, Magdeburg und Eisenach
1501–1505	Studium der Rechtswissenschaft in Erfurt
1505	wird Mönch in Erfurt
1507	Weihe zum Priester
1510–1511	Reise nach Rom
1512	Doktor der Theologie in Wittenberg
1517	Thesenanschlag in Wittenberg
1521	Schutzhaft auf der Wartburg, Übersetzung des Neuen Testaments
1522	Rückkehr nach Wittenberg
1525	Heirat mit Katharina von Bora
1534	Herausgabe der Bibel in deutscher Übersetzung
1546 (18.2.)	Tod in Eisleben

Kirche: Martin Luther

Lieber Martin Luther,

was ist eigentlich so wichtig an Ihnen, dass wir Sie noch nach 500 Jahren feiern? Ich meine: Damals war Mittelalter, eine ganz andere Zeit, und die Ängste, die Sie damals hatten, die haben wir doch sowieso nicht mehr ... (Ich hab den Film gesehen und das war mir alles ganz schön weit weg, Gott sei Dank!)
Klar, dass Sie den Leuten den Weg zu Gott neu freigeräumt haben, das habe ich kapiert. Ob ich ohne Sie heute denken würde, dass Gott mich wegen meiner Fehler hasst? Ich werde es nie erfahren.

Aber ich weiß, dass andere Leute mich wegen meiner Fehler lächerlich machen. Und ich weiß, dass mein Onkel seine Stelle verloren hat und dass er nun trinkt, weil er denkt, dass die Leute denken, er ist ein Loser. Krass, oder? Dem müssten Sie mal sagen: Bei Gott bist du angesehen – ohne Leistung!

Und ohne Markenklamotten und ohne Traumfigur und ohne einen IQ von was-weiß-ich ... Ja, das müssten Sie uns mal sagen. Wenn Sie heute lebten: Wäre das vielleicht Ihr Thema?

Würden Sie an der Kirchentür von Wittenberg einen Protest aufhängen gegen die Medien und gegen die Reklamewelt und gegen den ganzen Wahnsinn? Oder besser noch – per Blog oder Live Stream im Internet?

Tina (17 Jahre)

Kirche: Diakonie

Die tun was!

Per Mausklick mehr erfahren unter:
www.diakonie.de/selbstverstaendnis-9005.html

Ich kann doch sowieso nichts tun ... ?
Wer ist mein Nächster? (☞ Seite 50/51)
Der, der mir hilft. Und: Der, der meine Hilfe braucht.

Ich kann mitmachen!

Per Mausklick mehr erfahren unter:
www.diakonie.de/freiwilliges-soziales-jahr-9519.html

Frage: Du hast hauptsächlich mit Senioren und Menschen mit Behinderung gearbeitet. Hattest du Schwierigkeiten im Umgang mit diesen Menschen?
Antwort: Anfänglich gab es einige Schwierigkeiten, hauptsächlich Berührungsängste, da ich mit dem Umgang Menschen mit Behinderung nicht so viel zu tun hatte. Mit der Zeit jedoch haben sich diese Probleme/Berührungsängste gelegt. Durch den täglichen Kontakt zu ihnen wurde Vieles vertrauter und auch angenehmer. Die Arbeit machte mir dann viel Spaß ...
Frage: ... Was war dein schönster Moment während deines FSJ?
Antwort: Ich bin mit einem Rollstuhlfahrer zu einem Fußballspiel (VfB Stuttgart gegen Mönchengladbach) nach Stuttgart gefahren und hab ihn mit ins Stadion begleitet. Wir waren in der ersten Reihe an der Mittellinie und hatten so ziemlich den besten Blick auf das Spiel. Es gab viel zu jubeln, wir haben zusammen mitgefiebert, da der VfB einen grandiosen Sieg hingelegt hatte. Es hat richtig Spaß gemacht, mit ihm zu diesem Spiel zu gehen und die Emotionen zu teilen.

Aus einem Interview mit einem FSJ'ler
(www.freiwilligendienste-drk.jnbw.de/Interviews/13414)

Brot für die Welt ist eine Hilfsaktion der evangelischen Landes- und Freikirchen in Deutschland. Sie wurde 1959 in Berlin gegründet und finanziert sich überwiegend aus Spenden und Kollekten der Kirchengemeinden.

Unsere Arbeit
In mehr als 1.000 Projekten jährlich leisten wir gemeinsam mit einheimischen Kirchen und Partnerorganisationen in Afrika, Asien, Lateinamerika und Osteuropa Hilfe zur Selbsthilfe. Ziel ist es, Hunger und Armut in den Ländern des Südens und Osteuropas zu überwinden. Denn alle Menschen haben das Recht auf ein Leben in Würde.

Den Armen eine Stimme geben
Brot für die Welt versteht sich als Anwalt der Benachteiligten in dieser Welt. Diese Aufgabe wird angesichts der zunehmenden Globalisierung, die häufig zulasten der Armen in den Ländern des Südens geht, immer wichtiger.

Per Mausklick mehr erfahren unter:
www.brot-fuer-die-welt.de/kirche-gemeinde/materialien/brot-fuer-die-welt-ein-werk-der-kirchen.html

Anschaulich: Anklickbare Filme geben Einblick in die Arbeit von „Brot für die Welt":
www.brot-fuer-die-welt.de/mediathek/projektfilme.html

Bedenklich: Test für Einzelne und für Gruppen: Wie umweltverträglich leben wir?
www.fussabdruck.de/fussabdrucktest/#/start/index/

Kirche: Haus des Lebens

Verschiedene Religionen bauen verschiedene Häuser für Gott. Hier sind mindestens drei:

Virtuell zu Besuch bei Juden, Christen und Muslimen:
www.planet-schule.de/sf/multimedia-lernspiele-detail.php?projekt=weltreligionen

Kirche: Zusammen mit anderen

Vertreterinnen und Vertreter verschiedener Religionen teilen die Hoffnung auf Menschlichkeit, Gerechtigkeit und Frieden: In der Stiftung „Weltethos" verständigen sie sich: Kein Weltfrieden ohne Religionsfrieden.

Die Stiftung unterstützt Menschen und Organisationen, die sich im interreligiösen Bereich engagieren. Für Kinder und Jugendliche hat sie eine Lernplattform entwickelt, die kostenlos in die Welt der Religionen und den Dialog miteinander einführt.

Per Mausklick zur Lernplattform auf:
www.global-ethic-now.de

Kirche: Was ich anderen zu erzählen habe

Ein Buddhist fragt mich nach meinem Glauben. Ich erzähle von ...

Jesus ...
Gott ...
Gottes Reich ...

Meiner Hoffnung ...
Was in Jesu Augen gut ist ...

Wer gehört zur Gemeinde?

Gemeinde: Wer gehört dazu?

Deine MitkonfirmandInnen,
deine TeamerInnen, deine Familie,
die Leute, die am Sonntag zum Gottesdienst gehen,
die ErzieherInnen im evangelischen Kindergarten,
die SeniorInnen im Altersheim um die Ecke
und die, die sie pflegen, und ... und ... und ...

Raum für Unterschriften

Gemeinde: Aufgaben in der Gemeinde

Was tun sie?

- Lektor/in

- Kantor/in bzw. Organist/in

- Küster/in bzw. Meßner/in

- Diakon/in bzw. Gemeindepädagoge

- Prädikant/in

- Pfarrer/in bzw. Pastor/in

- Superintendent/in bzw. Propst / Pröpstin

- Kirchenvorstand

Gemeinde: Angebote, Aktivitäten

Was geschieht wo?

Gibt's / gibt's nicht ...

- Krabbelgruppe
- Seniorentreff
- Glaubenskurs
- Frauenfrühstück
- Für Männer
- Für Jugendliche
- Für Kinder
- Besuchsdienst

Sollte es geben ...

Sollte es geben ...

Sollte es geben ...

Sollte es geben ...

Sollte es geben ...

Gemeinde: Leib Christi

„Ihr seid alle wie **Glieder eines Körpers**", hat Paulus der Gemeinde in Korinth geschrieben (1 Korinther 12). „Ihr seid der **Leib Christi**."

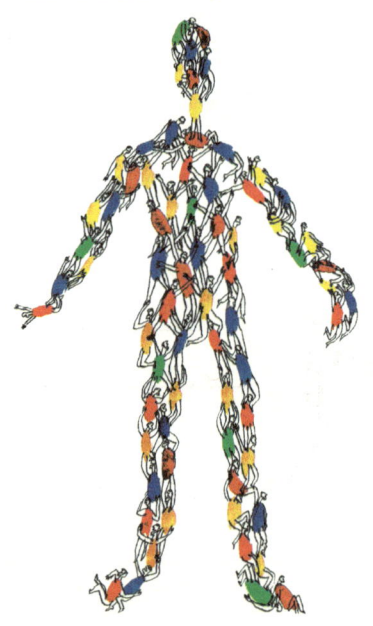

© Charly Case, Brüssel

Und wenn das Auge in den Streik tritt?
Das Ohr? Die Zunge? Das Rückgrat?

Gemeinde: Weinstock

„Ich bin der **Weinstock**, ihr seid die **Reben**",
hat Jesus gesagt (Johannes 15,5).

--- So sieht das aus ... ---

Gemeinde: Untereinander teilen

Lukas erzählt in der Apostelgeschichte von den allerersten Christus-Gemeinschaften:

Alle aber, die gläubig geworden waren,
waren beieinander und hatten alle Dinge **gemeinsam**.
Sie verkauften Güter und Habe und teilten sie aus unter alle,
je nachdem es einer **nötig** hatte. Und sie waren täglich
einmütig beieinander im Tempel und **brachen das Brot**
hier und dort in den Häusern, hielten die Mahlzeiten
mit Freude und lauterem Herzen und **lobten Gott** und
fanden Wohlwollen beim ganzen Volk.

Apostelgeschichte 2,44–47

Gemeinde: Mit anderen teilen

Brich mit den Hungrigen dein Brot,
sprich mit den Sprachlosen ein Wort,
sing mit den Traurigen ein Lied,
teil mit den Einsamen dein Haus.

    Such mit den Fertigen ein Ziel,
    brich mit den Hungrigen dein Brot,
    sprich mit den Sprachlosen ein Wort,
    sing mit den Traurigen ein Lied.

Teil mit den Einsamen dein Haus,
such mit den Fertigen ein Ziel,
brich mit den Hungrigen dein Brot,
sprich mit den Sprachlosen ein Wort.

    Sing mit den Traurigen ein Lied,
    teil mit den Einsamen dein Haus,
    such mit den Fertigen ein Ziel,
    brich mit den Hungrigen dein Brot.

Sprich mit den Sprachlosen ein Wort,
sing mit den Traurigen ein Lied,
teil mit den Einsamen dein Haus,
such mit den Fertigen ein Ziel.

Text: Friedrich Karl Barth
Melodie: Peter Janssens; EG 420;
alle Rechte im Peter Janssens Musik Verlag, Telgte-Westfalen

Gemeinde: Lied

Alle an einem Tisch

Text und Musik: Siegfried Macht

Gemeinde: Meine Idee von Gemeinde

Also: Gemeinde ist ...
Fisch ... Tisch ...
Netz ... Schiff ... ????

Wer dient wem im Gottesdienst?

Nicht versäumen!

Heute Gottesdienst!!!

Ruft Gott. Lobt Gott.
Bringt Gott euren Dank, eure Bitten,
eure Freude und eure Sorgen.
Hört Gottes Wort. Empfangt neu Gottes Segen.

Dieser Dienst ist eine Gabe!
Dieser Dienst tut gut!

Gottesdienst: Lied

Kommt mit Gaben und Lobgesang,
jubelt laut und sagt fröhlich Dank:
Er bricht Brot und reicht uns den Wein,
fühlbar will er uns nahe sein.

Refrain

Erde, atme auf, Wort, nimm deinen Lauf!
Er, der lebt, gebot: Teilt das Brot.

Evangelisches Gesangbuch Nr. 229

Text: Detlev Block 1988 nach dem engl.
„Let us talents and tongues employ" von Fred Kaan 1975
Melodie: Doreen Potter nach einem Volkslied aus Jamaica

Kinderzeichnung „Mirjam tanzt" von Miriam Lubrich

Gottesdienst: Der Ablauf in aller Kürze

Eröffnung und Anrufung
> Glockengeläut
> Musik zum Eingang
> Votum und Gruß / Begrüßung
> Lied
> Psalm und „Ehre sei dem Vater"
> „Kyrie" und „Gloria" ☞ S. 120
> Tagesgebet

Verkündigung und Bekenntnis
> Lesung 1 (aus einem Brief oder aus dem Alten Testament)
> Lied
> Lesung 2 (aus einem Evangelium)
> Lied
> Predigt
> Lied / Musik
> Glaubensbekenntnis (oder nach Lesung 2) ☞ S. 122
> Abkündigungen
> Lied und Kollekte
> Dankopfergebet
> Fürbittgebet

Abendmahl mit Vaterunser
[wenn kein Abendmahl, dann hier das Vaterunser] ☞ S. 123
> Lied
> Segen
> [Verabschiedung]
> Musik zum Ausgang

Gottesdienst

Gottesdienst ereignet sich überall da, wo Menschen beten, über biblische Texte nachdenken, singen und Abendmahl feiern. Der Gottesdienst im Alltag oder am Sonntag bietet Zeit und Raum zur Ruhe. Er unterbricht den normalen und manchmal stressigen Alltag. Er erinnert so an das, was am Anfang der Bibel erzählt wird: Gott „ruhte am siebten Tag von allen seinen Werken" (1 Mose 2,2).

Obwohl der Name es vermuten lässt, geht es im Gottesdienst nicht um einen Dienst, den der Mensch Gott leisten müsste. Er ist vielmehr eine Feier, in der all das zum Ausdruck kommt, was unser Verhältnis zu Gott ausmacht: Bitte und Dank, Vertrauen und Hoffnung. Deshalb kann er auch als ein Wesensmerkmal christlichen Lebens verstanden werden.

Im Gottesdienst geht es um den Menschen als Ganzen: Es werden der Verstand, das Gefühl, unser Handeln und alle Sinne angesprochen.

Die Gemeinde ruft sich dankbar die Vergangenheit als Gottes Geschichte in Erinnerung: Wem verdankt sich die Welt und mein Leben? Im Gottesdienst wird das Leben in der Gegenwart als von Gott getragen gedeutet: Worauf kann ich wirklich im Tiefsten vertrauen und mich verlassen? Und es wird der Bitte um eine heilvolle Zukunft Raum gegeben: Welchen Sinn haben diese Welt und mein Leben?

Christliche Gemeinden feiern den öffentlichen Gottesdienst in der Regel am *Sonntag*. Damit erinnern sie sich daran, dass das Osterereignis nach dem jüdischen Kalender auf einen Sonntag fiel. Er kann nach einem bestimmten Schema ablaufen, das man *Liturgie* nennt. ☞ S. 117 Die Liturgie bietet Vertrautheit und verbindet mit anderen Gemeinden. In der evangelischen Kirche gibt es aber keine unveränderliche Gottesdienstordnung. Sie kann je nach Situation gestaltet werden.

In der Regel kommen folgende *Elemente* im öffentlichen Gottesdienst vor:
- *Lesung biblischer Texte*: Mit ihnen vergewissern sich Christ/inn/en ihrer Glaubensquellen und ihres Bezugs zu Jesus von Nazareth.
- *Predigt:* Sie erschließt einen biblischen Text für das Leben heute.
- *Gebete:* In ihnen kommen Angst und Hoffnung, Bitte und Dank vor Gott zum Ausdruck.
- *Lieder:* Im gemeinsamen Singen drücken sich Freude und Traurigkeit aus. Alte und neue Lieder atmen Poesie und sprechen unser Gefühl an.
- *Abendmahl:* ☞ S. 139–150
- *Segen:* Dass Gott das Leben trägt, wird erbeten und zugesprochen.

Neben dem Sonntagsgottesdienst gibt es auch Gottesdienste zu besonderen biografischen Anlässen (Kasualien): Trauerfeier, Traugottesdienst, zur Einschulung. Gottesdienste werden auch zu besonderen kirchlichen und kulturellen Festtagen gefeiert, zum Beispiel zum Reformationsfest, am Buß- und Bettag usw.

Georg Raatz

Gottesdienst: Kyrie und Gloria

Alle *Ehre sei dem Vater und dem Sohn und dem Heiligen Geist.*
Wie es war im Anfang, jetzt und immerdar und von Ewigkeit zu Ewigkeit. Amen.

PfarrerIn *Kyrie eleison*

Alle *Herr, erbarme dich*

PfarrerIn *Christe eleison*

Alle *Christe, erbarme dich*

PfarrerIn *Kyrie eleison*

Alle *Herr, erbarme dich über uns*

PfarrerIn *Ehre sei Gott in der Höhe*

Alle *Allein Gott in der Höh sei Ehr*
und Dank für seine Gnade,
darum dass nun und nimmermehr
uns rühren kann kein Schade.
Ein Wohlgefalln Gott an uns hat;
nun ist groß Fried ohn Unterlaß,
all Fehd hat nun ein Ende. (EG 179)

Gottesdienst: Bibeltexte

Aus der Bibel werden gebetet /gelesen /gesprochen …

Text	Beispiel
Psalm	Von allen Seiten umgibst du mich, Gott (Psalm 139)
Abschnitt aus einem Brief oder aus dem Alten Testament	Also bleiben Glaube, Hoffnung, Liebe, diese drei. Aber die Liebe ist die Größte unter ihnen (1 Korinther 13)
Abschnitt aus einem Evangelium	Ein Mensch hatte zwei Söhne … (Lukas 15)

Der **Predigt** liegt ebenfalls ein Bibeltext zugrunde.
Er wird entfaltet und gedeutet:

— Gottes Wort für uns heute … ——

Gottesdienst: Das Glaubensbekenntnis

*Ich glaube an Gott,
den Vater, den Allmächtigen,
den Schöpfer des Himmels und der Erde.*

*Und an Jesus Christus,
seinen eingeborenen Sohn, unsern Herrn,
empfangen durch den Heiligen Geist,
geboren von der Jungfrau Maria,
gelitten unter Pontius Pilatus,
gekreuzigt, gestorben und begraben,
hinabgestiegen in das Reich des Todes,
am dritten Tage auferstanden von den Toten,
aufgefahren in den Himmel;
er sitzt zur Rechten Gottes, des allmächtigen Vaters;
von dort wird er kommen,
zu richten die Lebenden und die Toten.*

*Ich glaube an den Heiligen Geist,
die heilige christliche Kirche,
Gemeinschaft der Heiligen,
Vergebung der Sünden,
Auferstehung der Toten
und das ewige Leben.
Amen.*

www.konfi-live.de

Gottesdienst: Das Vaterunser

Vater unser im Himmel
Geheiligt werde dein Name.
Dein Reich komme.
Dein Wille geschehe,
wie im Himmel, so auf Erden.
Unser tägliches Brot gib uns heute.
Und vergib uns unsere Schuld,
wie auch wir vergeben unsern Schuldigern.
Und führe uns nicht in Versuchung,
sondern erlöse uns von dem Bösen.
Denn dein ist das Reich
und die Kraft und die Herrlichkeit
in Ewigkeit. Amen.

www.konfi-live.de

Gottesdienst: Fürbitten

Ich zünde eine Kerze an für

_____

bitte Gott für ihn / sie, dass ...

Gottesdienst: Segen

Der Herr segne dich und behüte dich.
Der Herr lasse sein Angesicht leuchten über dir und sei dir gnädig.
Der Herr erhebe sein Angesicht auf dich und gebe dir Frieden.

Englisch
The Lord bless you, and keep you:
The Lord make his face shine upon you, and be gracious unto you:
The Lord lift up his countenance upon you, and give you peace.

Gottesdienst: Lied

Möge die Straße uns zusammenführen
und der Wind in deinem Rücken sein.
Sanft falle Regen auf deine Felder
und warm auf dein Gesicht der Sonnenschein.

>Und bis wir uns wiedersehen,
>halte Gott dich fest in seiner Hand. (Wiederholen!)

Führe die Straße, die du gehst,
immer nur zu deinem Ziel bergab.
Hab, wenn es kühl wird, warme Gedanken
und den vollen Mond in dunkler Nacht.

>Und bis wir uns wiedersehen,
>halte Gott dich fest in seiner Hand.

Bis wir uns mal wiedersehen,
hoffe ich, dass Gott dich nicht verlässt.
Er halte dich in seinen Händen,
doch drücke seine Faust dich nie zu fest.

>Und bis wir uns wiedersehen,
>halte Gott dich fest in seiner Hand.

Irisches Segenslied

Text (nach irischen Vorlagen) und Musik: Markus Pytlik

Gottesdienst: Lebensfeiern

Mit meinem Gott kann ich über Mauern springen ... (Psalm 18,30)

Anlässe für besondere Gottesdienste

ein Angehöriger ist gestorben

Ein Kind ist geboren

wir gründen eine Familie

ich werde eingeschult

ich fange neu an

ich ...

Was geschieht bei der Taufe?

Mein Name ...

... *im Buch des Lebens.*

Taufe: Wassertagebuch

Wie Wasser mich durch den Tag begleitet ...

Halb sieben	Zähneputzen (Wasser!)
Sieben	Frühstück mit Tee (Wasser!)
Acht	Schulweg; draußen regnet's ...

Taufe: Lied

Ich möcht, dass einer mit mir geht
1 Ich möcht, dass einer mit mir geht
der's Leben kennt, der mich versteht,
der mich zu allen Zeiten
kann geleiten.
Ich möcht', dass einer mit mir geht.

2 Ich wart, dass einer mit mir geht,
der auch im Schweren zu mir steht,
der in den dunklen Stunden
mir verbunden.
Ich wart, dass einer mit mir geht.

3 Es heißt, dass einer mit mir geht,
der's Leben kennt, der mich versteht,
der mich zu allen Zeiten
kann geleiten.
Es heißt, dass einer mit mir geht.

4 Sie nennen ihn den Herren Christ,
der durch den Tod gegangen ist;
er will durch Leid und Freuden
mich geleiten.
ich möcht', dass er auch mit mir geht.

Text und Melodie: Hanns Köbler 1964 (EG 209),
© Gustav Bosse Verlag, Kassel

Taufe

Im Glauben vertrauen Christ/inn/en darauf, dass das Leben in Gottes Hand liegt, von Anfang an. Dies machen wir uns in der Taufe bewusst. Taufe ist nicht an ein bestimmtes Alter gebunden, auch wenn in unserer Kirche die Säuglingstaufe üblich ist.

Bei der Säuglingstaufe bringen Eltern und Angehörige ihre Dankbarkeit für das Geschenk des Lebens zum Ausdruck und bitten um Gottes Segen für das neue Leben. Wird ein Kind getauft, so bekennen Eltern und Pat/inn/en stellvertretend ihren Glauben. Sie versprechen, dafür zu sorgen, dass der Täufling in diesen Glauben hineinwächst, ihn für sich entdeckt und in der Konfirmation schließlich eigenständig bekennt (lat.: „confirmare", bestätigen).

In der Taufe bringen wir in besonderer Weise zum Ausdruck: Gott sieht uns als Person an; in Gottes Augen sind wir wertvoll. Wir können zu ihm in Beziehung treten. Dass jede/r einzeln und unter Nennung des Namens getauft wird, macht deutlich: Jede/r Einzelne ist Gott wichtig. Gott hat dich lieb. Du kannst ihm vertrauen.

Die Taufe ist nach evangelischem Verständnis wie das Abendmahl ein Sakrament. Anders als das Abendmahl ist die Taufe unwiederholbar. Zu ihr gehören eine Zeichenhandlung und ihre Deutung als Segen, als Gabe des Heiligen Geistes und als Akt des Glaubens daran, dass zwischen Gott und Mensch ein Band geknüpft ist.

Die Taufe ist keine magische Handlung; das Leben bleibt Risiken ausgesetzt, Glück ist nicht garantiert. Und der Glaube kann Belastungen ausgesetzt sein, das Band kann dünn werden. Ich kann mich jedoch immer daran erinnern und mich vergewissern, dass mein Leben mit allem, auch mit Traurigkeit, Schuld und Versagen, in Gottes Hand liegt. Dafür gibt es Formen der Tauferinnerung.

Georg Raatz

 www.konfi-live.de

Taufe: Martin Luther schreibt dazu

Was ist die Taufe?
Die Taufe ist nicht allein schlicht Wasser, sondern sie ist das Wasser in Gottes Gebot gefasst und mit Gottes Wort verbunden.

Welches ist denn dies Wort Gottes?
Unser Herr Christus spricht bei Matthäus im letzten Kapitel: „Gehet hin in alle Welt und machet zu Jüngern alle Völker: Taufet sie auf den Namen des Vaters und des Sohnes und des Heiligen Geistes."

Was gibt oder nützt die Taufe?
Sie wirkt Vergebung der Sünden, erlöst vom Tode und Teufel und gibt die ewige Seligkeit allen, die es glauben ...

Wie kann Wasser solch große Dinge tun?
Wasser tut' s freilich nicht, sondern das Wort Gottes, das mit und bei dem Wasser ist, und der Glaube, der solchem Worte Gottes im Wasser traut. Denn ohne Gottes Wort ist das Wasser schlicht Wasser und keine Taufe; aber mit dem Worte Gottes ist's eine Taufe, das ist ein gnadenreiches Wasser des Lebens und ein Bad der neuen Geburt im Heiligen Geist.

Aus dem Kleinen Katechismus von 1525

☞ Evangelisches Gesangbuch

Taufe: Ablauf einer Kleinkind-Taufe

Glaubensbekenntnis

Einsetzungsworte zur Taufe
Jesus Christus spricht:
„Mir ist gegeben alle Gewalt
im Himmel und auf Erden.
Darum geht hin und machet
zu Jüngern alle Völker. Taufet sie
Auf den Namen des Vaters und
des Sohnes und des Heiligen Geistes
Und lehret sie halten alles, was ich euch befohlen habe.
Und siehe, ich bin bei euch alle Tage bis an der Welt Ende."

Matthäus 28, 18–20

> Besteht für den Täufling Lebensgefahr und kann kein(e) Pfarrer/in herbeigerufen werden, so darf jede(r) Christ/in taufen. Dazu gehören Glaubensbekenntnis, Taufformel und Vaterunser.

Tauffragen an die Eltern und Patinnen / Paten und Verpflichtung

Antwort der Eltern und Patinnen / Paten

Taufe
Pastorin / Pastor schöpft dreimal mit der hohlen Hand Wasser aus dem Taufbecken, begießt den Kopf des Täuflings mit Wasser und spricht dabei die Tauformel:
„N.N., ich taufe dich im Namen Gottes, des Vaters und des Sohnes und des Heiligen Geistes."

Taufsegen
Pastorin / Pastor dem Täufling die Hand auf und spricht ihm den Taufsegen zu:
„Der allmächtige Gott und Vater stärke dich durch seinen Heiligen Geist, erhalte dich in der Gemeinde Jesu Christi und bewahre dich zum ewigen Leben. Friede sei mit dir."

Taufe: ... und Konfirmation

Jeder Konfirmierte kann Taufpate werden.
Er begleitet sein Patenkind beim Heranwachsen, betet für es, steht ihm bei Fragen zum Leben und Glauben und als Vertrauensperson zur Verfügung.

Taufe: Johannes der Täufer

**Eine Unterhaltung damals,
zur Zeit Johannes des Täufers – vielleicht so?**

„Kennt ihr den wilden Mann vom Jordan?" So flüsterten die Menschen untereinander. Und einige nickten wohl und sagten: „Wir waren schon da."

„Und? Und?", fragten die anderen begierig. „Er ist verrückt, nicht wahr? Total ausgeflippt! Dabei war er so ein süßes Kind, der kleine Johannes!"

„Ja", nickten die anderen, „vielleicht ist er verrückt. So laut und so zornig. Und doch ... und doch!"

„Was?", fragten die Ersten. „Sag bloß, du hast ihm zugehört! Sag bloß, du hast ihm geglaubt." „Sag nicht – du hast dich taufen lassen?"

Und der eine oder andere hob verlegen die Schultern – und gab es zu. „Warum auch nicht? Nur ein bisschen Wasser. Und danach – fühlt man sich besser. Danach fühlt man sich irgendwie rein."

„Rein!" Sie lachen ihn aus. „Du mit deiner dritten Frau! Man sagt sogar, sie sei schwanger?"

„Sag ich doch", verteidigt sich der Getaufte. „Ich habe es nötig, reinen Tisch zu machen. Johannes sagt: Mit der Taufe ist das möglich."

„Und?" Die anderen bleiben skeptisch. „Was ist jetzt anders?"

„Das sage ich nicht", sagt der Getaufte. „Aber ihr werdet es sehen."

Zum Vergleich: Matthäus 3,1–10

Taufe: Bibel, neu erzählt

Heute ist die Menge, die sich am Ufer des Jordan drängt, besonders groß. Immer weiter hat es sich herumgesprochen: Johannes ist von Gott gesandt. Er kann uns mit Gott versöhnen." Einer nach dem anderen lassen sie sich taufen.

Dann, auf einmal, kommt die Menge in Bewegung. Die Wartenden machen Platz für einen, der gerade erst gekommen ist: einen jungen Mann mit staubigen Füßen. Johannes sieht ihm entgegen. Und auf einmal fällt er, der Wilde, der Zornige, auf die Knie.

„Herr, du bist es", sagt er.

Der junge Mann bleibt vor ihm stehen. „Steh auf, Johannes", sagt er. „Taufe mich."

„Du brauchst keine Taufe", sagt Johannes. „Aber ich, Herr. Taufe du mich."

Der junge Mann schüttelt den Kopf. „Kein Aufsehen, Johannes", sagt er. „Es soll alles seine Richtigkeit haben."

Die Menge, die das mitkriegt, sieht aber doch auf. Sie sehen, wie Johannes den jungen Mann tauft. Sie sehen – sie glauben, dass sie sehen: Da öffnet sich der Himmel. Und ein Hauch kommt herab wie eine Taube: vielleicht Glanz, vielleicht Wärme. Oder Worte: „Dies ist mein lieber Sohn. Ihn sollt ihr hören."

„Johannes, wer war das?", flüstern später die Menschen. „Er heißt Jesus", sagt Johannes. „Ich nenne ihn Christus, den Retter. Wir werden noch von ihm hören."

Zum Vergleich: Matthäus 3,13–17

Taufe: Tauferinnerung

So wie ich Geburtstag feiere, kann ich auch Tauftag feiern. Ich zünde meine Taufkerze an und freue mich, dass ich zu Gott gehöre. Ich lade Freunde ein und wir essen gemeinsam, Getaufte und nicht Getaufte, unter dem Segen des Herrn.

Ich kann beten ...

Was geschieht beim Abendmahl?

Brot und Traubensaft

Abends im Garten mit Freunden: frisches Fladenbrot. Brich dir ein Stück ab, reich es weiter. Ein Krug Saft macht die Runde. Schenk dir ein. Schenk aus. Es ist genug für alle.

So hat Jesus oft gesessen – im Kreis seiner Jüngerinnen und Jünger. Und mit denen, die er zu sich gerufen hatte: Kommt her zu mir alle, die ihr mühselig und beladen seid. Ich will euch erquicken.

Matthäus 11,28

Abendmahl: Lied

1. Er ist das Brot, er ist der Wein,
steht auf und esst, der Weg ist weit.

>   Es schütze euch der Herr,
>   er wird von Angst befrein. (wiederholen)

2. Er ist das Brot, er ist der Wein,
kommt, schmeckt und seht, die Not ist groß.

>   Es stärke euch der Herr,
>   er wird euch Schuld verzeihn.

3. Er ist das Brot, er ist der Wein,
steht auf und geht, die Hoffnung wächst.

>   Es segne euch der Herr,
>   er läßt euch nicht allein.

EG 228
Text: Eckard Bücken
Melodie: Joachim Schwarz

Abendmahl: Einladung

Abendmahl: Lied

Das sollt ihr, Jesu Jünger, nie vergessen:
wir sind, die wir von einem Brote essen,
aus einem Kelche trinken, Jesu Glieder, Schwestern und Brüder.

Wenn wir in Frieden bei einander wohnten,
Gebeugte stärkten und die Schwachen schonten,
dann würden wir den letzten heilgen Willen des Herrn erfüllen.

Ach dazu müsse seine Lieb uns dringen!
Du wollest, Herr, dies große Werk vollbringen,
dass unter einem Hirten eine Herde aus allen werde.

EG 221
Text: Johann Andreas Kramer

Abendmahl: Ablauf

Liturg/in:	Lobgebet
Gemeinde:	Heilig, heilig, heilig ist Gott … (EG 185)
Liturg/in:	Abendmahlsgebet I
Liturg/in:	Einsetzungsworte
Liturg/in:	Abendmahlsgebet II
Gemeinde:	Vaterunser
Liturg/in / Gemeinde:	Friedensgruß
Liturg/in:	Der Friede des Herrn sei mit euch allen.
Gemeinde:	Friede sei mit dir.
Liturg/in:	Gebt einander ein Zeichen des Friedens und der Gemeinschaft.
Gemeinde:	Christe, du Lamm Gottes (EG 190) oder eine andere Liedstrophe
Liturg/in:	Kommt, es ist alles bereit. Schmecket und sehet, wie freundlich der Herr ist.

Die Gemeinde kommt zum Altar.

Austeilung

Spendeworte, z. B.: Brot des Lebens, für dich / der Kelch des Heils, für dich.

> Es gibt auch andere Formen und Formulierungen, zum Beispiel bei den Spendeworten.

Entlassung mit Segen

Liturg/in:	Dankgebet

Abendmahl: Bibel, neu erzählt

Ich esse, ich esse für mein Leben gern. Für mein Leben gern, so sagt man doch. Ich habe immer Angst, dass ich nicht genug bekomme. Dabei bekomme ich immer das meiste.

Neulich kam meine Frau von einem Besuch bei der Kusine und lachte: „Ich habe von einem gehört – der macht satt." „Erzähl!", sagte ich. „Wer? Wo? Bring mich zu ihm!" Und sie erzählte von einem Mann namens Jesus. In die Einsamkeit hatte er sich begeben. Viele Leute waren ihm gefolgt. Man sagte, er könne heilen, mit Worten und Taten. Das wollten sie erleben. Und er hat Worte gefunden an diesem Tag, Worte von mittags bis abends. Vom Himmelreich und von Hoffnung, von Sehnsucht, die gesättigt wird.

Abends schauten sich Jesu Jünger an und ihnen fiel auf, dass es Essenszeit war. Aber keiner von den Leuten hatte daran gedacht, etwas zu essen mitzunehmen. Gerade mal fünf Brote und zwei Fische waren da. Für Tausende. Da fragten

Bodenmosaik um 480, Italien

sie Jesus, wie er die Menschen satt bekommen wollte. Jesus
lächelte. Er ließ sich die fünf Brote und die zwei Fische bringen, segnete sie, sprach ein Dankgebet und sagte seinen Jüngern: „Teilt sie aus." Die Jünger hoben die Schultern und warfen sich Blicke zu. Aber sie taten es. Am Ende blieb noch ganz viel übrig. Aber niemand klagte über Hunger. Sie waren alle satt geworden.

„Wie sind sie satt geworden?", frage ich. „Von fünf Broten?" Meine Frau schüttelt den Kopf. „Ich glaube nicht", sagt sie. „Ich glaube, sie waren vorher schon satt. Weißt du, ich glaube, ihre Sehnsucht war gesättigt." Ich stehe schon an der Tür. „Bring mich zu ihm", sage ich. Ich verrate ein Geheimnis: Ich esse gar nicht so sehr gern. In Wahrheit sehne ich mich, satt zu werden …

Zum Vergleich: Markus 6,30–44

 Wunder ☞ Seite 80

 www.konfi-live.de

Abendmahl: Bibel, neu erzählt

Das Passafest ist vorbei. Die Kreuzigung, das Leben mit Jesus. Zeit nach Hause zu gehen, sagen zwei Jünger. Sie kehren Jerusalem den Rücken. Nach Emmaus wollen sie, heim!

„Weißt du noch?", sagt der eine auf dem Weg. „Wir wollten die Welt verändern, an Jesu Seite." „Wir dachten, er würde die Welt verändern", verbessert der andere. „Wir wollten sie besser machen, die Welt", sagt der eine. „Wir dachten, er würde sie besser machen", sagt der andere. „Stattdessen hat er sich abschlachten lassen", sagt der eine. „Wie ein Lamm, ein Opferlamm", sagt der andere. „Aber das war er doch auch", sagt plötzlich ein Dritter. „Er hat sich geopfert." „Wofür?" Die Jünger wundern sich. „Er ist der Weg und die Wahrheit und das Leben", sagt der Dritte.

Es ist Abend. Sie haben Emmaus erreicht. Sie haben den Dritten mit ins Haus genommen. Er sitzt mit ihnen am Tisch. Er bricht das Brot, dankt Gott und teilt es aus. „Ich bin das Brot", hören sie ihn sagen. Er nimmt den Kelch mit dem Wein und dankt Gott. Er reicht den Kelch weiter. Sie hören ihn sagen: „Ich bin der Wein."

Die beiden Jünger laufen zurück, noch in der Nacht. Zurück nach Jerusalem. „Wir haben ihn gesehen!", rufen sie laut. „Wir sind mit ihm gewandert. Wir haben sein Brot gegessen und seinen Wein getrunken." Die Jünger in Jerusalem wundern sich. „Wovon redet ihr?" „Von Jesus!", rufen die Jünger aus Emmaus. „Wir haben ihn erkannt. Er lebt!" Da ist die Nacht vorüber und die Sonne geht auf.

Zum Vergleich: Lukas 24,13–35

Abendmahl: Martin Luther schreibt dazu …

Was ist das Sakrament des Altars?
Es ist der wahre Leib und Blut unsers Herrn Jesus Christus,
unter dem Brot und Wein
uns Christen zu essen und zu trinken
von Christus selbst eingesetzt.

Wo steht das geschrieben?
So schreiben die heiligen Evangelisten Matthäus, Markus, Lukas und der Apostel Paulus: Unser Herr Jesus Christus, In der Nacht, da er verraten ward, nahm er das Brot, dankte und brach's und gab's seinen Jüngern und sprach: „Nehmet hin und esset, das ist mein Leib, der für euch gegeben wird. Solches tut zu meinem Gedächtnis."
Desgleichen nahm er auch den Kelch nach dem Abendmahl, dankte und gab ihnen den und sprach: „Nehmet hin und trinket alle daraus: Dieser Kelch ist das neue Testament in meinem Blut, das für euch vergossen wird zur Vergebung der Sünde. Solches tut, so oft ihr's trinket, zu meinem Gedächtnis."

Was nützt denn solch Essen und Trinken?
Das zeigen uns diese Worte: Für euch gegeben und vergossen zur Vergebung der Sünden; nämlich, dass uns im Sakrament Vergebung der Sünden, Leben und Seligkeit durch solche Worte gegeben wird; denn wo Vergebung der Sünden ist, da ist auch Leben und Seligkeit.

Wie kann leiblich Essen und Trinken solch große Dinge tun?
Essen und Trinken tut's freilich nicht, sondern die Worte, die da stehen: Für euch gegeben und vergossen zur Vergebung der Sünden.

Aus dem Kleinen Katechismus von 1525

Abendmahl: Eine Brotgeschichte

König Magnus der Gute hatte zu einem Mahl eingeladen. Das Fest fand auf dem Schiff des Königs statt. Als die Gäste an der Tafel beisammen sitzen, kommt ein Fremder auf das Schiff zu gelaufen. Er klettert an Bord und eilt – ohne Blick und Gruß – an den Tisch des Königs. Hier nimmt er ein Brot, bricht ein Stück davon und isst es vor aller Augen. König Magnus ist verblüfft.

> „Wer bist du?", fragt er.
> „Ich heiße Thorfin."
> „Bist du der Jarl (= Fürst) Thorfin?"
> „So nennen mich die Männer."

Da wird der König bleich. „Thorfin", sprach er, „ich hatte geschworen, wenn wir uns jemals treffen würden, solltest du hinterher niemandem mehr davon erzählen können. Doch nach dem, was jetzt geschehen ist, kann ich dich unmöglich töten lassen. Von nun an soll Frieden zwischen uns sein."

Dabei waren es keine Kleinigkeiten, die zwischen beiden standen: Thorfin war ein Gefolgsmann des Königs gewesen. Doch dann hatte er gegen den König gearbeitet und sogar dessen Verwandten Rögnwald getötet.

Was war geschehen, um sogar eine Todfeindschaft zu überwinden?

Hubertus Halbfas © 2010 / 2013 Oldenbourg Schulbuchverlag GmbH, München

Abendmahl: Schuld und Vergebung

Essen und Trinken, Fülle, was man zum Leben braucht, Gemeinschaft, heile Beziehungen – all das ist Abendmahl. Und dann noch Vergebung. Vergebung …

Wie fühlt Vergebung sich an?

— Der Anfang der Geschichte —

Die Mitte der Geschichte
Wenn ich das erzähle … dann merkt er, dass ich gar nicht so toll bin, wie er denkt. Dann sieht er, wie mies ich bin. Dann kann er mich nicht mehr lieben … Ich erzähle es ihm. Und er – er wendet sich nicht ab. Er – nimmt mich in den Arm!

— Oh Gott, ich … —

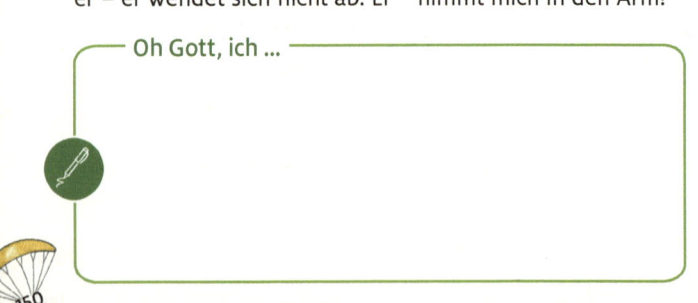

Was ist so besonders am Vaterunser?

Beten ist ...

— Was noch ... —

singen

klettern

LACHEN

tanzen

GERN HABEN

malen

spielen

schweigen

wandern

Einem Baby beim Schlafen zuschauen ...

Vaterunser: Beten im Internet

Wenn du nur betest, weil du in Not bist wirst Du oft auch keine Hilfe erfahren! Ich glaube fest an Gott. Ich danke ihn jeden Tag für all das Gutes was ich habe und für seine Liebe! Natürlich gehe ich dann zuerst zu ihm, wenns mal brennt. Nicht immer bekomme ich eine prompte Gebetserhörung. Schließlich ist Gott keine Wunschmaschine. Hab die Erfahrung gemacht, Gott sagt entweder „Ja" „Nein oder „Später". wir kennen nun mal Gottes Plan für unser Leben nicht. Doch ich glaube daran, dass er seinen Sohn Jesus Christus schickte ... er starb für den ganzen Mist den wir Menschen verbockt haben. Wir sollen eine lebendige Beziehung zu Gott haben. Wenn du ihm im Gebet suchst, dann wirst du ihn auch finden!

Send

Gebet ist ganz einfach reden mit Gott!!! Ich fühle mich befreit. Über viele Dinge mag ich nicht mit Menschen reden. Er hilft mir einfach schon damit, dass er mir zuhört. Beim Reden kommen mir oft Lösungen meiner Probleme in den Sinn. Ist das Zufall? NEIN! Für mich nicht ... aber wie und ob ER hilft ist seine Sache. Probier es aus!

Send

Wie viele Gebete wurden in Auschwitz gebetet? Wie viele in den Sterbestationen? Wie viele in Darfour, Irak? Wie viele beten in ihrem täglichem Elend? Wie viele beten bevor sie im Mittelmeer ertrinken oder an hitzschlag verrecken? Wie viele misshandelte, verschleppte Frauen beten? Noch nie hat Beten irgendwas bewirkt! Gegenbeweise gerne erwünscht!

Vaterunser: Lied

Bist zu uns wie ein Vater, der sein Kind nie vergisst.
Der trotz all seiner Größe immer ansprechbar ist.

Refrain

Vater, unser Vater, alle Ehre deinem Namen.
Vater, unser Vater, bis ans Ende der Zeiten. Amen.

Deine Herrschaft soll kommen, das, was du willst, geschehn.
Auf der Erde, im Himmel sollen alle es sehn.

Refrain

Gib uns das, was wir brauchen, gib uns heut unser Brot,
und vergib uns den Aufstand gegen dich und dein Gebot.

Refrain

Lehre uns zu vergeben, so wie du uns vergibst.
Lass uns treu zu dir stehen, so wie du immer liebst.

Refrain

Nimm Gedanken des Zweifels und der Anfechtung fort.
Mach uns frei von dem Bösen durch dein mächtiges Wort.

Refrain

Deine Macht hat kein Ende, wir vertrauen darauf.
Bist ein herrlicher Herrscher, und dein Reich hört nie auf.

Text: Christoph Zehender
Melodie: Hans Werner Scharnowski,
© 1995 Auf den Punkt, Siegen / Hit'n Run Publishing, Siegen

Vaterunser: Atem-Meditation

Vater unser	**einatmen**
im Himmel	**ausatmen**
geheiligt werde	einatmen
dein Name.	aus
Dein Reich	**ein**
komme.	**aus**
Dein Wille	ein
geschehe	aus
wie im Himmel	ein
so auf Erden.	aus
Unser tägliches Brot	**ein**
gib uns heute	**aus**
und vergib uns	ein
unsere Schuld,	aus
wie auch wir	ein
vergeben unsern Schuldigern.	aus
Und führe uns nicht	**ein**
in Versuchung,	**aus**
sondern erlöse uns	**ein**
von dem Bösen.	**aus**
Denn dein ist	ein
das Reich	aus
und	ein
die Kraft	aus
und	ein
die Herrlichkeit	aus
in	ein
Ewigkeit	aus
A-	ein
men.	aus

Vielleicht kennst du es schon so gut, dass du die Worte und Bitten kaum noch beachtest. Dann lerne es neu kennen, indem du es achtsam sprichst, zum Beispiel so: Probiere es im Stehen. Achte auf dein Einatmen und Ausatmen. Sprich das Vaterunser drei Mal im bewussten Wechsel von Ein- und Ausatmen.

Vaterunser: Dein Reich komme

Jesus spricht:
Das Himmelreich ist wie die eine besondere Perle.
Du hast sie dein Leben lang gesucht.
Du wirst alles für sie geben …

nach Matthäus 13,35 f.

Vaterunser: Und vergib uns ...

Der verlorene Sohn und sein Bruder

„Wie oft", fragte Petrus seinen Meister, „wie oft muss ich meinem Nächsten vergeben? Reicht es: siebenmal?" Aber Jesus breitete die Arme aus. „Siebzigmal siebenmal. Und öfter ..."

nach Matthäus 18,21f.

Vaterunser: **Versuchungen**

Hochmut kommt vor dem Fall

Sprüche Salomo 16,18

Vaterunser: Erlöse uns von dem Bösen

Ich denke ...

Was heißt: den Glauben bekennen?

Ich mag ...
Ich mag Sonne die mich wärmt, wohnen, wo's nicht lärmt,
Hunde, die noch bellen, schöne hohe Wellen.

Ich mag ...

Ich mag ...

All das mag ich und ganz doll dich.

Ich mag ...

Ich mag ...

Ich mag ...

All das mag ich und ganz doll dich.

Liedanfang und Refrain von Volker Lechtenbrink

Glauben

Der Glaube hat viele Gesichter: Leistung, Erfolg, Fortschritt, Geld, BMW, Boss, Bayern München, Allianz. An etwas glauben heißt: Ich suche Sicherheit, ein gutes Gefühl, Geborgenheit. Leben kann nicht ohne festen Grund sein. Ein Haus, ein sicheres Dach über dem Kopf, ein stabiles Fundament – dies alles sind Bilder, die diese Sehnsucht ausdrücken. Niemand kann nur von dem leben, was er sehen und beweisen kann.

Glaube im religiösen Sinne meint nicht das bloße „Für-wahr-Halten" religiöser Behauptungen und auch nicht die intellektuelle Einsicht in theologische Erkenntnisse. Zum Glauben gehört das Gegenüber, das „Du". Im Kern des Glaubens steht das Vertrauen.

Wer einem anderen glaubt, der vertraut, hat Mut, sich fallen zu lassen, in der festen Hoffnung, aufgefangen zu werden. Das Gefühl einer tiefen Geborgenheit und eine letzte Zuflucht zu haben, die Erfahrung eines festen Grundes, der durch nichts zerstört werden kann, Boden unter den Füßen zu haben, auch wenn ich die Richtung meiner Schritte (noch) nicht kenne – dies ist Glaube.

Christlicher Glaube ist die Gewissheit des Einzelnen, dass Gott sein Leben bestimmt. Wer Gott als Adressaten seines Glaubens hat, ist nicht allein. Er reiht sich ein in die Geschichte der Glaubenden. Es sind Menschen wie du und ich. Sie glauben, dass Gott die Welt geschaffen hat und diese nicht sich selbst überlässt.

Sie lebten und leben in dem Bewusstsein, dass Menschen schon vor ihnen an Gott glaubten und dass auch folgende Generationen an ihn glauben werden. Diese Menschen hatten und haben Sorgen und Ängste, Nöte und Zweifel. Ausdruck ihres Glaubens ist, dass sie ihre Unsicherheit überwinden können. Sie beten zu Gott, wenden sich in Freude und Leid an ihn. Und sie finden in ihrem Glauben einen Halt.

Udo Hahn in: C. Thiel / U. Hahn, Das kannst du glauben. Für Konfis und Konfirmierte, Göttingen 2009

www.konfi-live.de

Bekenntnis: An was ich glaube

Heute, am _ _ . _ _ . 20 _ _:

---- Ich glaube ... ----

an mich selbst
an die Kraft der Freundschaft
an ...
dass ...

---- Ich glaube nicht ... ----

an ...
dass ...

Bekenntnis: Ich glaube an die Liebe

Also ich finde dieses gefühl einfach den wahnsinn 1 000 000 schmetterlinge im bauch. das gefühl wenn er / sie dich berührt und das unendliche verlangen nach dem anderen wenn er nicht da ist usw. usw.

sich fallen lassen zu können, weil das vertrauen und die geborgenheit da sind. oder auch einfach mal wortlos beieinander sitzen zu können und es kommt einem nicht ...

Wahre Liebe ist eher Vertrautheit, das Gefühl jemanden zu kennen, und eine Verbundenheit, die so weit geht, dass einem ohne den Partner ein Teil seines Lebens fehlt.

Wenn die Flüsse rückwärts fließen, wenn die Hasen Jäger schießen, wenn die Mäuse Katzen fangen, dann erst werd ich Dich vergessen

Meiner Meinung nach gibt es die wahre liebe nur einmal im Leben. Und ob man die hatte merkt man daran, dass sie einen überall hinverfolgt, das ganze Leben.

Bekenntnis: Paulus und die Liebe

1 Wenn ich mit Menschen- und mit Engelzungen redete
und hätte die Liebe nicht,
so wäre ich ein tönendes Erz oder eine klingende Schelle.

2 Und wenn ich prophetisch reden könnte
und wüsste alle Geheimnisse und alle Erkenntnis und
hätte allen Glauben,
sodass ich Berge versetzen könnte,
und hätte die Liebe nicht,
so wäre ich nichts.

3 Und wenn ich alle meine Habe den Armen gäbe
und ließe meinen Leib verbrennen
und hätte die Liebe nicht,
so wäre mir's nichts nütze.

4 Die Liebe ist langmütig und freundlich,
die Liebe eifert nicht,
die Liebe treibt nicht Mutwillen,
sie bläht sich nicht auf,

5 sie verhält sich nicht ungehörig,
sie sucht nicht das Ihre,
sie lässt sich nicht erbittern,
sie rechnet das Böse nicht zu,

6 sie freut sich nicht über die Ungerechtigkeit,
sie freut sich aber an der Wahrheit;
7 sie erträgt alles, sie glaubt alles,
sie hofft alles, sie duldet alles.

8 Die Liebe hört niemals auf, ...

1 Korinther 13

Bekenntnis: An Gott, den Vater, den Sohn und den Heiligen Geist

„Sind das eigentlich DREI Götter, an die ihr glaubt?"

Gott spricht: Ich bin der Herr, dein Gott, du sollst keine anderen Götter haben neben mir!
2 Mose 20,2

Gott **Schöpfer** ist es, der **ins Leben ruft** und alles erhält.

Gott ist fern und nah, weit weg und immer da. Wir glauben: In Jesus Christus hat Gott uns sein Gesicht gezeigt.

Gott **sieht uns an** in Jesus **Christus**.

Gott gibt uns Kraft und Mut, Be**GEIST**erung und Hoffnung.

Bekenntnis: Gemeinschaft der Heiligen

=

Christinnen und Christen von damals,
heute und morgen – wie eine Cloud halt.

Andi, 17, Teamer

Tod und Auferstehung

Menschen müssen sterben. Der Tod bleibt trotz gesunder Lebensführung und medizinischer Fortschritte unausweichlich. Der Tod spitzt den Widerspruch des Lebens zu: Wir wollen das Leben in seiner ganzen Fülle – und müssen doch sterben! Sterben und Tod sind begleitet von Gefühlen der Hilflosigkeit, Angst und Traurigkeit. Er macht Menschen ihre eigene Endlichkeit bewusst. Alle Religionen setzen sich mit der Frage auseinander, wie Menschen in diesem Bewusstsein leben können, ohne zu verzweifeln.

Das Christentum hat Symbole für eine Hoffnung auf Leben, die stärker ist als die Angst vor dem Tod. Eines dieser Symbole ist die Auferstehung. Wie unterschiedlich die Evangelien auch die Ostererlebnisse schildern, im Kern erzählen sie davon, dass Jesus auch nach seinem Tod für seine Anhängerinnen und Anhänger lebendig war.

Aus Jesu Glauben, dass er in Leben und Tod in Gottes Hand geborgen bleibt, konnten die Frauen und Männer damals für sich Vertrauen und Hoffnung schöpfen; und dies können Christ/inn/en bis heute. Mit dem Tod ist nicht alles aus. Wir dürfen hoffen, dass sich unser Leben in Gottes Ewigkeit vollendet, dass es heil wird.

Bei christlichen Trauerfeiern und bei der Begleitung von Trauernden wird deshalb von dieser Hoffnung erzählt. Sie tröstet beim Tod von Angehörigen und Freund/inn/en. Sie kann auch trösten angesichts der eigenen Todesangst.

Georg Raatz

 www.konfi-live.de

Bekenntnis: ... und das ewige Leben

Du kannst nicht tiefer fallen als nur in Gottes Hand,
die er zum Heil uns allen barmherzig ausgespannt.

Es münden alle Pfade durch Schicksal, Schuld und Tod
doch ein in Gottes Gnade trotz aller unserer Not.

Wir sind von Gott umgeben auch hier in Raum und Zeit
und werden in ihm leben und sein in Ewigkeit.

EG 533
Text Arno Pötzsch
© 2008 Verlag Junge Gemeinde, Leinfelden-Echterdingen

Wozu dienen Gebote?

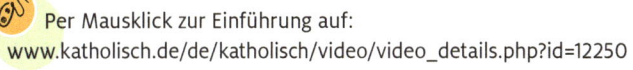

Per Mausklick zur Einführung auf:
www.katholisch.de/de/katholisch/video/video_details.php?id=12250

Gebote: „Doofe Regeln"

Gebote: **Stop and Go**

 *Doofe Regeln?*

Gebote: Aus der Bibel

Das erste Gebot: Ich bin der Herr, dein Gott. Du sollst nicht andere Götter haben neben mir.

Das zweite Gebot: Du sollst den Namen des Herrn, deines Gottes, nicht unnütz gebrauchen.

— Das bedeutet ...

Das dritte Gebot: Du sollst den Feiertag heiligen.

— Das bedeutet ...

Das vierte Gebot: Du sollst deinen Vater und deine Mutter ehren.

— Das bedeutet ... —

Das fünfte Gebot: Du sollst nicht töten.

— Das bedeutet ... —

Das sechste Gebot: Du sollst nicht ehebrechen.

— Das bedeutet ... —

Das siebte Gebot: Du sollst nicht stehlen.

— Das bedeutet ... —

Das achte Gebot: Du sollst nicht falsch Zeugnis reden wider deinen Nächsten.

Das neunte Gebot: Du sollst nicht begehren deines Nächsten Haus.

Das zehnte Gebot: Du sollst nicht begehren deines Nächsten Weib, Knecht, Magd, Vieh noch alles, was sein ist.

Gebote: Bibel, neu erzählt

„Das dürfen sie nicht!" Petrus und die anderen Jünger folgen Jesus. Neben ihnen ist ein Kornfeld. Gelb und reif glänzen die Körner in der Sonne. Petrus und die anderen Jünger pflücken sich Korn im Vorübergehen.

„Das dürfen sie nicht!" Auf einmal sind da diese beiden Männer. Sie heben die Zeigefinger und sehen sehr streng aus. „Das ist Arbeit!", sagen sie. „Und Arbeit ist am Sabbat verboten." Jesus sieht sie an. Er sieht, wer sie sind: Wächter des Gesetzes. Klug und gottesfürchtig.

„Ihr habt recht", sagt Jesus. „Und doch auch nicht." Der eine Wächter regt sich auf. „Was weißt du schon?", ruft er. „Wir, wir folgen Gott. Wir kennen die Gebote, wir wachen über das Gesetz." „Ihr habt recht", sagt Jesus wieder. „Aber wisst ihr nicht: Es gibt mehr!"

Mehr?

„Was ist mehr als das Gesetz?", fragt der andere. „Der Mensch", sagt Jesus. „Die Menschen sind ja Gottes Kinder." Er hebt die Hand. „Seht meine Jünger. Seht, wie glücklich sie sind! Das ist der Segen des Sabbat!"

Zum Vergleich: Markus 2,23–28

Gebote: Bibel, neu erzählt

„Sieh doch!", sagt Petrus zu Jesus. Da kniet ein Mann auf der Straße, die Jesus und die Jünger gehen. „Was für ein kostbares Gewand! Er macht es sich staubig!" Jesus sieht, was Petrus nicht sieht. „Und wenn schon", sagt er. „Er ist auf der Suche nach mehr."

Nach mehr?

„Herr!", ruft der Mann. „Kannst du mir helfen?" Jesus reicht ihm die Hand. „Steh auf", sagt er. „Der HERR ist GOTT allein." Der Mann steht vor ihm. Die Seide seines Mantels glänzt in der Sonne. „Ich suche das Glück, Herr", sagt er. „Ich kann es nicht finden."

Petrus schüttelt den Kopf. Er kann es nicht begreifen. So viel Seide, so viel Samt. „Was macht wirklich glücklich?", flüstert ihm Johannes zu.

„Glücklich alle, die Gott folgen!", sagt Jesus. „Die Gebote, Herr!", sagt der Mann eifrig: „Ich habe sie alle gehalten!" Jesus nickt ihm zu. „Das ist gut", sagt er. Der Mann sieht auf seine Hände. Ringe an jedem Finger. „Ist das alles?", fragt er.

Ist da nicht noch mehr?

Petrus hebt die Schultern. Er kann es nicht begreifen. So viel Gold. „Er hat schon alles", flüstert er Johannes zu.

„Glücklich alle, die gern geben, was sie haben", sagt Jesus. Er legt dem Mann die Hände auf die Schultern. „Ich rate dir: Tu's."

„Was denkst du, Herr?", fragt Petrus. „Wird er es tun?" Da ist der Mann schon fort. Auf einmal hatte er es eilig. „Es scheint sehr schwer zu sein", sagt Jesus. Er denkt nach. „Mit Gott", sagt er dann, „geht es leicht."

Zum Vergleich: Markus 10,17–27

www.konfi-live.de

Gebote: Goldene Regeln

Regeln der Religionen

Judentum ...

Was du selbst hasst, das tue auch nicht deinem Nächsten. Das ist das ganze Gesetz. Der Rest ist nur Kommentar.

Christentum ...

Alles, was ihr wollt, dass euch die Leute tun sollen, das tut ihnen auch. Das ist das Gesetz und die Propheten. Matthäus 7,12

Islam ...

Keiner von euch ist ein Gläubiger, wenn er nicht das für seinen Bruder wünscht, was er auch für sich selbst wünscht.

Hinduismus ...

So lautet die Summe aller Pflichten: Tue nicht den andern an, was dir selbst nicht gut tut.

Buddhismus ...

Verletze nicht einen anderen auf eine Art, wie es dich selbst verletzen würde.

Gebote: Meine goldene Regel

... und meine persönliche Lebensregel ...

C Ausblicke

Nun aber bleiben **Glaube**, **Hoffnung**, **Liebe**, diese drei …

… schreibt Paulus im ersten Brief an die Korinther (13,13); dazu fällt mir ein:

Glaube

Liebe

Hoffnung

Meine Konfirmationszeit

―― Das war gut … ――

―― Das hat mich geärgert … ――

―― Das beschäftigt mich noch … ――

―― Das habe ich gelernt … ――

Das will ich nicht vergessen …

Das hat mich überrascht …

Das frage ich mich …

Das tut mir leid …

Meine Konfirmation

Was ich vorbereite

Was ich mir für meine Konfirmation wünsche

Glaube, Hoffnung, Liebe: Glauben, Hoffen

Glaube, Hoffnung, Liebe: **Lieben**

- ... meine Nächsten
- ... die einzige, wahre Liebe
- ... meine Freunde
- ... meine Familie
- ... einen besonderen Ort
- ... Gott
- ... mich
- ... Sonnenaufgänge
- ... mein Lieblingsessen
- ... meinen Job (später mal)
- ... meinen Feind

Schnell gefunden: Schwere Wörter

A

Abendmahl Sakrament: Gemeinschaft und Vergebung der Sünden in Erinnerung an Jesus letztes Mahl mit seinen Jüngern

Abkündigungen Ansagen im Gottesdienst: Termine, Freud und Leid

Altar Früher Opfertisch, heute „Tisch des Herrn" in der Kirche

Altes Testament Älterer Teil der Bibel, die Hebräische Bibel: Geschichte, Psalmen, Prophetie

Amen Bestätigender Abschluss von Gebet und Bekenntnis („So sei es!")

Auferstehung Info Seite 156

B

Bergpredigt Jesu Lehre in einer Zusammenstellung durch Matthäus (5 bis 7)

E

EKD Evangelische Kirche Deutschlands; „Dach" der ev. Landeskirchen

Evangelist Verfasser eines Evangeliums; in der Bibel: Matthäus, Markus, Lukas, Johannes

Evangelium Frohe Botschaft: In Jesus ist Gott Mensch geworden; er hat den Tod besiegt.

F

Fürbitte Liturgisches Gebet im Gottesdienst – Fürsprache für Einzelne und Gruppen

G

Glaubensbekenntnis Im Gottesdienst: feste Form des gemeinsamen Bekennens, s. Seite 122

Gleichnis Info Seite 78

Gott Info „Reden von Gott", Seite 26

H

heilig Eigenschaft Gottes und seines Umfelds; fordert Ehrfurcht, heilt und tröstet

Heiliger Geist Info Seite 66

J

Jesus Christus Info Seite 42

K

Kanzel Erhöhter Standort für den Prediger / die Predigerin in der Kirche

Katechismus Lehrbuch des Glaubens, z. B. Luthers Kleiner und Großer Katechismus

Katholisch s. Seite 92
Kirche Gotteshaus der Christen und Organisationsform des christlichen Glaubens
Konfession Christentum wird unterschiedlich gelebt in kath., ev., orthodoxer Tradition
Koran Das heilige Buch des Islam

M

Martin Luther Info Seite 84
Messias = Christus, Gesalbter; Israels Könige wurden in Gottes Namen mit Öl gesalbt
Mohammed Religionsgründer; im Islam: der letzte Prophet
Moschee Gebetshaus der Muslime (Anhänger des Islam)
Muslim / Muslima Anhänger des Islam

N

Neues Testament Der jüngere Teil der Bibel; Evangelien, Briefe, Offenbarung des Johannes

O

Ökumene Die „bewohnte Welt"; Gemeinschaft der Kirchen / Religionen weltweit
ÖRK Ökumenischer Rat der Kirchen (ev., orth.)
Orthodox Neben ev. und kath. die dritte große Konfession
Ostern Fest der Auferstehung Jesu Christi

P

Papst Oberhaupt der weltweiten katholischen Kirche
Passa Wichtiges Fest im Judentum; Gedenken der Befreiung aus Ägypten
Passion Leidensweg Jesu; s. Seite 52–57
Pfingsten Fest der Gabe des Heiligen Geistes
Pharisäer Gruppierung im Judentum; bemüht um ein untadeliges Leben vor Gott
Presbyter Kirchenvorsteher (Ehrenamt in der Gemeinde)
Prophet Mensch, der Gottes Stimme hört, in Gottes Namen spricht und handelt
Psalm Info Seite 76

R

Rabbi / Rabbiner Lehrer (auch Titel Jesu) / Geistlicher im Judentum
Ramadan Fastenmonat der Muslime
Reformation Von Luther angestoßen; als Erneuerungsbewegung der Kirche gedacht

Religion Lebenseinstellung; Glaube an einen tieferen Sinn / höheren Willen

Ritual Religiöser (Fest-)Brauch mit festgelegter Ordnung: Worte, Gesten, Zeichen

S

Sabbat Ruhetag im Judentum: der siebte Tag der Woche (= Samstag)

Sakrament Von Jesus eingesetztes Ritual (Wort und Zeichen): Taufe und Abendmahl (ev.)

Schöpfung Vorstellung, dass die Welt, in der wir leben, Gottes Werk und Wille sei

Segen Zuwendung Gottes zu seinen Geschöpfen; Lebenskraft, Schutz, Glück

Synagoge Gebetshaus der Juden

T

Taufe Sakrament; Info Seite 132

Tora Heilige Schrift der Juden (die fünf Bücher Mose, das „Gesetz")

V

Vaterunser Gemeinsames Gebet der Christenheit; von Jesus gelehrt: Mt 6,9–13

VELKD Vereinigte evangelisch lutherische Kirche Deutschlands

W

Weihnachten Fest der Geburt Jesu

Z

Zehn Gebote Regeln für das gute Leben vor Gott und mit den Mitmenschen: 2 Mose 20,2–17

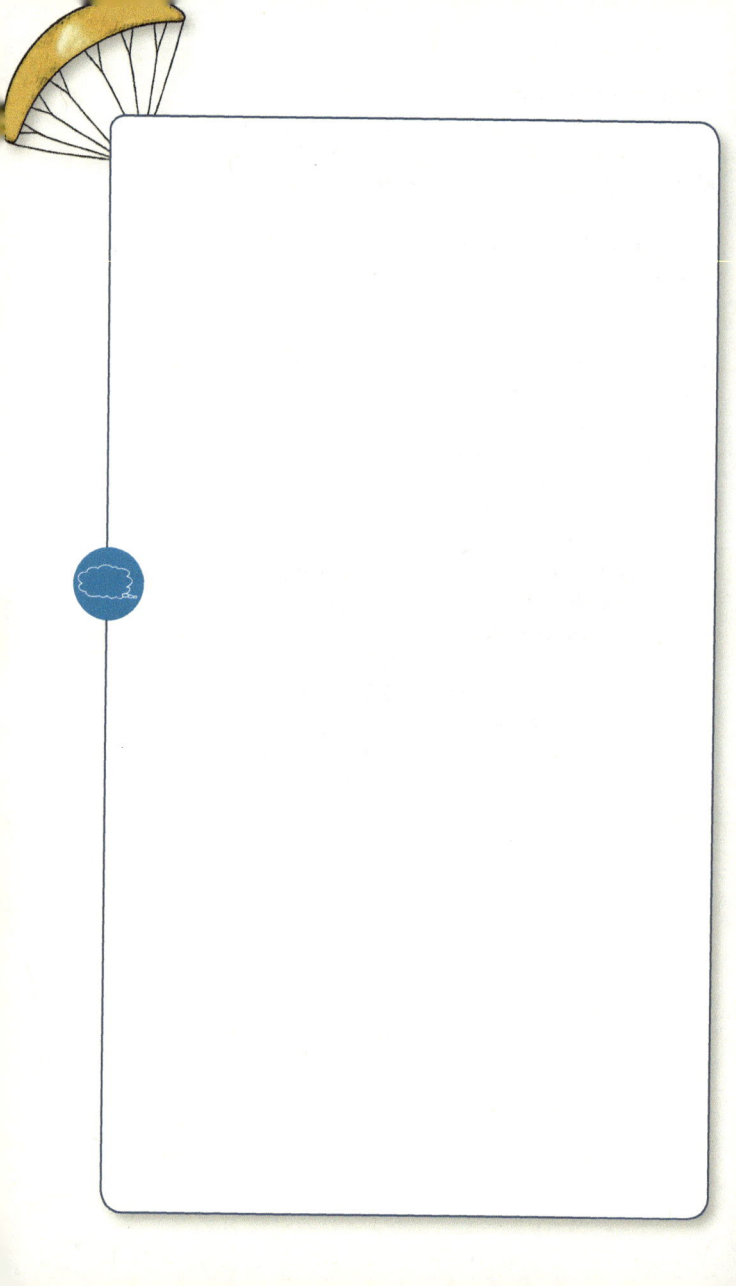

Unterschriften: Meine Gottesdienste

Am Anfang des Kirchenjahrs

	Unterschrift (1. Jahr)	Unterschrift (2. Jahr)
1. Advent		
2. Advent		
3. Advent		
4. Advent		
Heiligabend		
Weihnachten		
Epiphanias		

In der Vorfasten- und Fastenzeit

	Unterschrift (1. Jahr)	Unterschrift (2. Jahr)
Septuagesimae		
Sexagesimae		
Estomihi		
Invocavit		
Reminiszere		
Okuli		
Lätare		
Judika		
Palmsonntag		
Gründonnerstag		
Karfreitag		

In der Osterzeit bis Trinitatis

	Unterschrift (1. Jahr)	Unterschrift (2. Jahr)
Osternacht		
Ostern		
Quasimodogeniti		
Miserikordias Domini		
Jubilate		
Kantate		
Rogate		
Himmelfahrt		
Exaudi		
Pfingsten		
Trinitatis		

Zum Ende des Kirchenjahrs

	Unterschrift (1. Jahr)	Unterschrift (2. Jahr)
Erntedank		
Reformationstag		
Buß- und Bettag		
Ewigkeitssonntag		

Sonntage nach Epiphanias / Trinitatis

Datum	Unterschrift (1. Jahr)	Unterschrift (2. Jahr)

Festgehalten: Geburtstage und Termine

In den folgenden Kalender kannst du Geburtstage und Jahrestage eintragen – alles, was in jedem Jahr dasselbe Datum hat. Und hier, auf der ersten Seite, ist Platz für die Losungen der Jahre deiner Konfi-Zeit:

Jahreslosung ...

Jahr 20_ _

Jahreslosung ...

Jahr 20_ _

Mein Januar

1 NEUJAHR

2

3

4

5

6 Epiphanias

7

8

9

10

11

12

13

14

15

16

*Die Finsternis vergeht und
das wahre Licht scheint jetzt (1 Joh 2,8)*

Mein Februar

1.
2.
3.
4.
5.
6.
7.
8.
9.
10.
11.
12.
13.
14. Valentinstag ♡
15.
16.

*Kommt her und sehet an
         die Werke Gottes ... (Psalm 66,5)*

17

18

19

20

21

22

23

24

25

26

27

28

29

Mein März

1
2
3
4
5
6
7
8
9
10
11
12
13
14
15
16

> *Wenn das Weizenkorn nicht in die Erde fällt und erstirbt, bleibt es allein ...*
> *... wenn es aber erstirbt, bringt es viel Frucht (Joh 12,24)*

17

18

19

20

21 Frühlingsanfang

22

23

24

25

26

27

28

29

30

31

Mein April

1
2
3
4
5
6
7
8
9
10
11
12
13
14
15
16

*Christus spricht: Ich war tot,
und siehe, ich bin lebendig (Offb 1,18)*

17

18

19

20

21

22

23

24

25

26

27

28

29

30

Mein Mai

1 Tag der Arbeit
2
3
4
5
6
7
8
9
10
11
12
13
14
15
16

Liebe wächst wie Weizen und ihr Halm ist grün (EG 98)

Mein Juni

1
2
3
4
5
6
7
8
9
10
11
12
13
14
15
16

*Geh aus, mein Herz,
und suche Freud (EG 503)*

17

18

19

20

21 Sommeranfang

22

23

24 JOHANNISTAG

25

26

27

28

29

30

Mein Juli

1
2
3
4
5
6
7
8
9
10
11
12
13
14
15
16

Du stellst meine Füße auf weiten Raum (Psalm 31,9)

17

18

19

20

21

22

23

24

25

26

27

28

29

30

31

Mein August

1
2
3
4
5
6
7
8
9
10
11
12
13
14
15
16

Sei gepriesen, du hast die Welt geschaffen ... (Laudato si, EG 515)

17

18

19

20

21

22

23

24

25

26

27

28

29

30

31

Mein September

1
2
3
4
5
6
7
8
9
10
11
12
13
14
15
16

Alle gute Gabe kommt her von Gott, dem Herrn ... (EG 508)

17

18

19

20

21

22

23 Herbstanfang

24

25

26

27

28

29

30

Mein Oktober

1
2
3 Tag der deutschen Einheit
4
5
6
7
8
9
10
11
12
13
14
15
16

*Jesus Christus spricht: Ich bin der Weinstock,
ihr seid die Reben (Joh 15,5)
Ein feste Burg ist unser Gott ... (EG 362)*

17
18
19
20
21
22
23
24
25
26
27
28
29
30
31 Reformationsfest

Mein November

1 Allerheiligen (am Vorabend: Halloween)
2
3
4
5
6
7
8
9
10
11
12
13
14
15
16

*Jesus Christus spricht: Ich bin der Weinstock,
ihr seid die Reben (Joh 15,5)
Ein feste Burg ist unser Gott … (EG 362)*

17

18

19

20

21

22

23

24

25

26

27

28

29

30

Mein Dezember

1
2
3
4
5
6 NIKOLAUSTAG
7
8
9
10
11
12
13
14
15
16

Macht hoch die Tür, die Tor macht weit ...
Es kommt der Herr der Herrlichkeit ...
Ein König aller Königreich, ein Heiland aller Welt zugleich (EG 1)

17

18

19

20

21 Winteranfang

22

23

24 Heiligabend

25 Weihnachten

26 Weihnachten

27

28

29

30

31 Silvester

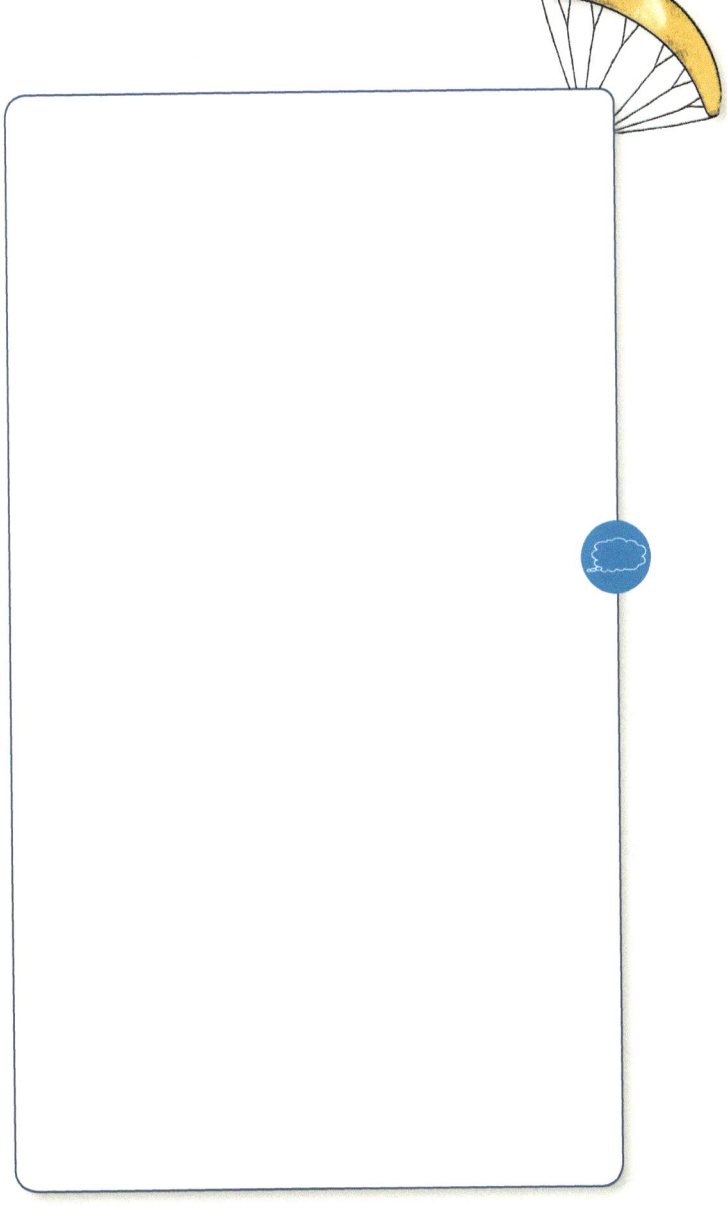